GAROTA QUEBRADA

BRADLEY TREVOR GREIVE
E CAROLINE LANER BREURE

GAROTA QUEBRADA

Traduzido por Roberta Clapp

NOTA: Este livro retrata a história de Caroline tal como ela se lembrava na época em que a obra foi escrita. Portanto, qualquer incorreção ou imprecisão em relação a pessoas, dados ou acontecimentos é fruto de seu ponto de vista fragmentado devido ao acidente. Para proteger a identidade e a privacidade das pessoas mencionadas, alguns nomes foram trocados, personagens foram combinados e certos detalhes foram alterados.

Título original: *Broken Girl*

Copyright © 2024 por Tasmanian Grizzly LLC
Copyright das ilustrações © 2024 por Caroline Breure
Copyright da tradução © 2025 por GMT Editores Ltda.

Todos os direitos reservados. Nenhuma parte deste livro pode ser utilizada ou reproduzida sob quaisquer meios existentes sem autorização por escrito dos editores.

coordenação editorial: Alice Dias
produção editorial: Livia Cabrini
preparo de originais: Pedro Siqueira
revisão: Ana Grillo e Ângelo Lessa
diagramação: Valéria Teixeira
capa: Louisa Maggio
adaptação de capa: Ana Paula Daudt Brandão
impressão e acabamento: Associação Religiosa Imprensa da Fé

CIP-BRASIL. CATALOGAÇÃO NA PUBLICAÇÃO
SINDICATO NACIONAL DOS EDITORES DE LIVROS, RJ

G841g

  Greive, Bradley Trevor
    Garota quebrada / Bradley Trevor Greive, Caroline Laner Breure ; tradução Roberta Clapp. - 1. ed. - Rio de Janeiro : Sextante, 2025.
    320 p. ; 23 cm.

  Tradução de: Broken girl
  ISBN 978-85-431-1089-9

  1. Breure, Caroline Laner. 2. Vítimas de acidentes de trânsito - Biografia. I. Breure, Caroline Laner. II. Clapp, Roberta. III. Título.

25-97910.0   CDD: 920.72
                              CDU: 929-055.2

Meri Gleice Rodrigues de Souza - Bibliotecária - CRB-7/6439

Todos os direitos reservados, no Brasil, por
GMT Editores Ltda.
Rua Voluntários da Pátria, 45 – 14º andar – Botafogo
22270-000 – Rio de Janeiro – RJ
Tel.: (21) 2538-4100
E-mail: atendimento@sextante.com.br
www.sextante.com.br

Para Juceli
A mãe mais corajosa
A amiga mais verdadeira

Mas há momentos, caminhando, em que vejo
meu reflexo no vidro,
digamos, a vitrine da videolocadora da esquina,
e sou tomada por um amor tão profundo

por meus próprios cabelos soltos, meu rosto
ressecado e meu casaco desabotoado
que fico sem palavras:
estou viva. Eu me lembro de você.

– Trecho de "What the Living Do",
de Marie Howe

Ressalva

Esta é a verdade que eu conheço.
Imperfeita, incompleta.

Algumas lembranças foram alteradas ou trocadas de lugar por uma mente que se rebelou contra a ordem.

Outras lembranças gritam em um novo despertar, nublando os detalhes, corroendo os delicados fios de tempo e lugar que alinham estrelas e histórias.

Em alguns momentos, confiei nas lembranças de outras pessoas.
Aqueles mais próximos a mim que observaram minha dor de muito perto.
Alguns que ficaram, outros que partiram.

Onde tudo são sombras e ecos, deixei meu coração me guiar.

Os nomes das pessoas que me feriram foram alterados por uma questão de decência e bondade.
Não por perdão.

Rostos desaparecem, bocas se confundem, mesmo quando suas palavras cruéis e seu silêncio ainda mais cruel roem minha memória em carne viva.
Cicatrizes e mais cicatrizes e mais cicatrizes.

No entanto, esta é a verdade.

Que ela nos liberte.

Prólogo

Sou meu próprio mistério.

Nada é o que parece.
Não mais.

Sei que estou despedaçada.

Não chore por quem eu fui.
Minha mãe derramou lágrimas suficientes por todos nós.

Fui roubada dela, mas nunca fui embora.
Ainda sou sua filha.
A mesma garota, a mesma mulher.
Transformada para sempre.

Perfeitamente imperfeita.

Minha história não é sobre o que foi perdido, mas sobre o que foi encontrado.
O que resta é o que mais importa.

Eu me esqueci de tanta coisa.
Mas não me esqueci de como amar.
Portanto, vou começar por aí.

Examine meus pedaços. Por favor.
Procure o melhor de mim.
Este é o meu presente para você.

Aceite as esperanças que me são caras, os sonhos que ficaram pela metade.

Canalize minha raiva para sua forja.
Faça-a arder ainda mais.

Transforme minhas fugazes lembranças em algo bonito para você.

A luz do sol e as risadas.
Os momentos de êxtase.
As lágrimas preciosas.

Se não posso lhe dar isso, então nada mais resta de mim.

20.

Nasci em Campo Grande e cresci em Caxias do Sul, a pacata cidade natal da minha mãe, no sul do Brasil.
Uma vez, quando eu tinha 7 anos, nevou.

Flocos de neve caindo na floresta tropical.

Minha mãe me ensinou que a inteligência era atraente, que a independência era algo poderoso, que o otimismo e a bondade eram tão essenciais quanto água limpa e, acima de tudo, que eu deveria confiar no meu coração.

Meu pai me ensinou a não confiar nos homens.

Com 17 anos, saí de casa para fazer faculdade em Porto Alegre.
Uma cidade divertida e traiçoeira com vista para o rio Guaíba.
Para o bem e para o mal, tudo que era emocionante acontecia ali.

Porto Alegre.
Berço de artistas, músicos, escritores e intelectuais.
Lar do teatro de vanguarda, de fantásticas feiras de livros, rebeliões e histórias de fantasmas.
Morada de caubóis de pernas arqueadas que andavam pelas ruas com seus ponchos cheirando a couro e grama.
Anfitriã caótica de golpes militares, do Carnaval e do crime.

Afinal, estamos no Brasil.
Alguns países escolhem segurança.

Nós escolhemos o samba.

Fui assaltada à mão armada mais de uma vez.
Mas também entreguei minha virgindade a essa cidade. Com muito prazer.

Sempre vou amar esse lugar.

Talvez eu seja a única brasileira que não dança.
Mas adoro festas. Sempre adorei.
Um bolo de chocolate com morangos, uma taça de champanhe.
Em pé na beira da pista de dança.
À deriva no alegre turbilhão de risos e luzes.

Quando eu era mais nova, minhas verdadeiras paixões eram idiomas estrangeiros e matemática, a língua materna do universo visível. Eu tinha orgulho de ser nerd. Ainda tenho.

Uma menina com pressa.

A vida nunca foi rápida o bastante.
Eu queria galopar, voar.
Sentir o vento passar os dedos nos meus cabelos.

O mais longe de casa que eu ia era até Florianópolis, para a casa da minha tia e dos meus primos durante as férias.

Cerrava alegremente os olhos na direção da luz do sol, que dançava sobre a borda cristalina das ondas cinza-esverdeadas.

Minha primeira e única viagem de avião tinha sido para o Rio de Janeiro, a menos de duas horas de casa.

Sabendo que lugares tão maravilhosos existiam, minha mente se enchia de possibilidades radiantes e interessantes.
Viajar pelo mundo era meu grande sonho.

Eu ansiava por tocar e saborear a distância.

Meu plano nem um pouco original era conhecer os Estados Unidos depois de terminar a faculdade.
Aprofundar meus estudos em uma universidade norte-americana. Talvez.
Riscar o verniz hollywoodiano, desarmar uma superpotência global, sair com Leonardo DiCaprio.
Ir às compras.

Dias antes de reservar minha passagem de avião para Orlando – para dar início à minha Grande Viagem pela América do Norte –, conversei com um velho amigo de Caxias, da época do ensino médio.
Marcos, um homossexual católico que sempre parecia estar um passo à frente do restante de nós, tinha acabado de voltar para casa depois de passar um ano na Austrália.
Quando falava de Sydney, seu rosto brilhava.
– Praias lindas, ruas limpas, natureza incrível, vida noturna fantástica, surfistas maravilhosos – disse ele. – E nada de armas.

– É o paraíso na terra.

Rasguei meu roteiro para os Estados Unidos.

19.

Eu tinha feito aulas de inglês no Brasil por doze, não, quinze anos.
Tirei nota máxima nos exames de proficiência.
Acima de tudo, tinha visto *Seinfeld* muitas vezes.
Talvez até demais.

Mas nunca havia conversado em inglês com um nativo. Nem um sequer.

Quando aterrissei em Sydney sem escolha a não ser falar inglês, fiquei surpresa ao descobrir que era de fato fluente.

Pelo menos para os padrões australianos.

Como morei a vida inteira perto da Mata Atlântica, o Pacífico Sul foi uma revelação.
Céu azul brilhante, mar azul-esverdeado, areia dourada cintilante.

Sydney é uma cidade de dentes brancos e pernas bronzeadas.

Os australianos pareciam felizes, calmos e abertos.
Sempre prontos para se divertir.
Sorrisos fáceis, sem qualquer pretensão.
Sem preocupações.

Estava tudo lá, à minha espera.
Uma faculdade nova. Um emprego novo. Amigos novos.
Uma vida nova.

Eu queria abraçar todas as possibilidades.

Uma jovem voraz que pede uma porção de cada item do cardápio.
Cada mordida mais doce que a anterior.

Então eu beijei Byron.

18.

Nós nos conhecemos em um aplicativo de namoro.
Nada de especial no início. Estávamos apenas nos divertindo.
Flertando, sentindo um ao outro. Procurando sinais de alerta.

Pela foto do perfil, Byron era bonito, mas não bonito demais.
Gostei disso.
Ele tinha uma expressão gentil e sincera.
Gostei ainda mais disso.

Nosso primeiro encontro aconteceu no início da primavera, numa sexta--feira à noite.
Para surpresa de todos, fazia frio. Muito frio, na verdade.

O vestidinho leve e provocante que eu tinha escolhido não iria servir.
Então vesti uma calça jeans, uma camiseta polo preta e um casaco preto de couro sintético por cima.
O único pedaço de pele que eu estava disposta a revelar era um vislumbre dos meus tornozelos e dos dedos dos pés, cortesia das sandálias de salto alto.

Estava animada, mas mantive minhas expectativas próximas à triste realidade dos encontros on-line: 10% têm potencial, 30% são um tédio, 60% são tarados.

Nos encontramos em The Rocks, bairro na histórica orla de Sydney.
Vielas de paralelepípedos e prédios coloniais desgastados pelo tempo.
Uma charmosa armadilha para turistas construída com blocos de arenito cor de gengibre.

Superlotada? Sim.
Um pouco suja e perigosa? Talvez.
Romântica? Sem dúvida.

Byron me esperava no bar que eu tinha dito que queria conhecer.
Quando ele se levantou, era ainda mais alto do que eu imaginava.
Tipo, alto *alto*.
Fiquei feliz por estar de salto.

Ele também estava de calça jeans, com uma camisa de linho branca, um blazer escuro e mocassins azuis.
Acho que nós dois tínhamos acertado em cheio no visual.

O blazer de Byron, caro e feito sob medida, fazia com que ele parecesse mais velho do que era. Mais dinheiro do que estilo.
Talvez ele não tivesse conseguido se livrar da aparência de jovem executivo.
Mas funcionava.

No que dizia respeito às aparências, pelo menos, fazia sentido estarmos juntos.
Parecíamos um casal.

Era um bom começo.

Byron trabalhava com investimentos; seu escritório era bem perto dali.
Eu tinha certeza de que ele ficava lindo de terno.
Fiquei surpresa quando ele admitiu ter ido para casa tomar banho e trocar de roupa antes do nosso encontro.

Ele tinha um cheiro fresco e veranil.
Uma praia quente coberta de flores.

Byron exibia uma leve confiança, mas também parecia um pouco nervoso.

Ele me cumprimentou dizendo que eu era muito mais bonita pessoalmente do que na foto do aplicativo.

Esse é o novo clichê dos encontros marcados on-line, a menos que a primeira impressão seja "um absoluto desastre".
Nesse caso, você ouviria algo como "Você é tão diferente no seu perfil, no bom sentido".
Ou seja, "em um péssimo sentido".

Sorri e dei de ombros para seu elogio banal.
Mas então, enquanto batíamos papo, animados e constrangidos ao mesmo tempo, percebi que Byron me encarava, os olhos brilhando.
Como se eu fosse a mulher mais bonita que ele já tinha visto.
A coisa mais linda que já existiu.
Naquele momento, era exatamente assim que eu me sentia.

Toda a conversinha boba, engraçada e atrevida que havíamos tido pela internet de repente evaporou.
Puf. Sumiu.

O fato de estarmos cara a cara nos atingiu em cheio.

Nosso encontro foi importante para ele.
Para mim também.

17.

Byron era um cavalheiro moderno.

Educado, cortês, mas se sentindo ainda levemente no direito de estar no comando.
Assumiu a frente do encontro, apresentando cada etapa de sua programação cuidadosamente estruturada para a noite.

Tudo parecia agradável, e valorizei seu esforço.
Mas ser controlada não faz parte da minha natureza brasileira.
Assim, mudei seu grande plano de imediato.
Joguei fora todos os seus detalhes.
E ele adorou.

Conversamos e rimos, tomamos nossos drinques e queríamos mais.
Mais de tudo.

Parecia o começo de… alguma coisa.

Em vez de ir a pé até o descolado restaurante japonês que Byron havia escolhido a princípio, eu o coloquei em um táxi e o levei a um restaurante vegano de *yum cha* perto da catedral de St. Mary, bem em frente ao Hyde Park. Todas as árvores estavam adornadas com luzinhas douradas.

Byron não era vegano (nem de longe), mas estava com fome e tinha a mente aberta, e confiou em mim enquanto lhe mostrava o cardápio.

A comida estava deliciosa.
A conversa estava maravilhosa.

Uma brasileira e um sul-africano compartilhando o amor por Sydney. Olhávamos ao redor, para o país que adotamos, com os olhos puros de forasteiros cujo sotaque estrangeiro escondia uma afinidade natural com o estilo de vida australiano.

Já estávamos acostumados a dias quentes no Natal.
Ambos achávamos que chinelos eram calçados apropriados para qualquer ocasião.
Embora em inglês eu chamasse chinelos de *slippers*, Byron de vez em quando se referia a eles como *plakkies*, algo muito sul-africano, o que me fazia dar risada.

Ambos adorávamos chocolate Cadbury, Tim Tam e, para minha surpresa, café; os italianos podiam ter inventado o cappuccino, mas os australianos o aperfeiçoaram.

Byron estava sozinho em seu gosto por Vegemite.
Nenhum de nós gostava de críquete nem de rúgbi.
Byron preferia golfe.
E eu cresci vendo o Grêmio de Porto Alegre.
"Vamos, vamos, Grêmio. Vamos, tricolor!"

Eu me sentia segura e feliz na Austrália.
Eu me sentia segura e feliz com Byron.

Não queríamos impressionar um ao outro.
Não tínhamos nenhuma necessidade de confundir o outro ou nos envaidecer.

Apenas conversamos, de forma aberta e honesta, às vezes séria, às vezes boba e às vezes surpreendente.

Eu estava confortável; era inebriante, divertido.
Risos de todos os sabores.

Fizemos muitas perguntas.
Curiosas, investigativas, mas sempre respeitosas.
Quanto mais nos aprofundávamos, melhor ficava.

Byron adorou conhecer minhas histórias malucas do Brasil.
Ouviu com alegria os trabalhos modestos que eu havia aceitado durante a faculdade.
Minhas desventuras dividindo casa em Sydney também eram um terreno dolorosamente familiar para ele.

Adorei ouvir sobre a infância de Byron na África do Sul.

Sua família imigrara para a Austrália quando ele era adolescente.
Não fora uma transição fácil.
As dificuldades enfrentadas pela família em seu país adotivo o motivaram a graduar-se em finanças em Sydney e a fazer mestrado em Londres.
Era óbvio que ele se esforçava para tirar o máximo proveito das oportunidades que havia recebido.

Tínhamos muito em comum, em especial a gratidão pelos sacrifícios que nossos pais fizeram por nós.

Vi seu rosto se iluminar sempre que eu falava da minha maravilhosa mãe.

Byron era muito próximo dos pais.
Família era algo importante para ele.

Eu estava me apaixonando.
Não havia nada que eu pudesse fazer em relação a isso.

Não nos levantamos da mesa até que um garçom cansado nos disse timidamente que o restaurante estava fechando.
Era quase meia-noite.

Eu me lembro de passar por baixo da enorme figueira iluminada no pátio do restaurante, torcendo para que Byron pegasse minha mão.
Ele não pegou.

Mas, quando chegamos ao topo da escada da catedral de St. Mary e ficamos diante da sua porta gótica, sob a luz dos holofotes, nos pegamos olhando um para o outro.

Desejando, esperando.

Ele pediu minha permissão sem dizer uma palavra.
Me trouxe para mais perto, me tomou em seus braços e me beijou.
E eu o beijei de volta.
Suavemente.
Depois, não tão suavemente assim.

Eu parei de sentir frio.

16.

A onda de calor na minha boca.
Os batimentos ensurdecedores do meu coração.
Uma abelha dançando em uma caixa de bateria.

Mas e depois?

Ficamos colados um no outro.
Hesitantes, empolgados com o que o futuro próximo estaria nos reservando.

Ergui os olhos e vi as torres de arenito da catedral alcançando os céus.
Era como se aqueles braços dourados gigantescos estivessem convocando todas as estrelas do céu noturno para testemunhar um novo amor.

☆ ☆

Por falta de coragem e de uma ideia melhor, nos soltamos um do outro e concordamos em tomar uma saideira no Lobo.
Um excêntrico bar cubano subterrâneo a algumas quadras do Hyde Park.

A escada escura que descia para o Lobo tinha um cheiro quente e picante.
O bar em si era uma selva barroca.
Garrafas reluzentes cercadas por antiguidades coloridas, bugigangas espalhafatosas e lembrancinhas de lugar nenhum.
Todos os objetos eram iluminados por velas tremeluzentes, o que fazia o salão balançar e dançar.

Era difícil ouvir qualquer coisa em meio ao burburinho causado pelo público de uma sexta-feira à noite afrouxando as gravatas.

Depois da inocência tranquila do primeiro beijo, aquilo foi um pouco demais.

Mas nos espremos em uma mesa de canto e pedimos drinque com rum.
O meu era feito com xarope de pinho e suco de limão, decorado com um lindo dinossauro de brinquedo, que coloquei na bolsa.
Delicioso e encantador.

No início, apenas sorríamos timidamente. Olhando um para o outro.
Como se falar pudesse apagar o beijo dos nossos lábios.

De qualquer maneira, seria difícil conversar até o barulho ao redor diminuir.
Aos poucos, fomos conquistados pelo ambiente inebriante do bar.
Rum açucarado fluindo em nossa corrente sanguínea.

Nossa energia mudou.

A multidão barulhenta parecia onipresente e estranhamente distante.
Um fundo desfocado.

Éramos apenas eu e Byron.

Perdidos voluntariamente em uma imaginária celebração pública de intimidade secreta.
O que não fazia sentido, eu sei.
Mas era tarde, parecíamos estar em um sonho, e a noite era nossa.

A conversa ficou mais animada. Ríamos mais alto.

Viajar?
Meu Deus, como adorávamos viajar, explorar, estar na natureza.
Vamos.

E comida? Comer era nossa paixão.
Eu tinha parado de comer carne poucos meses antes, mas, em vez de me sentir privada, descobrira um universo de sabores ocultos.

Byron duvidou um pouco disso, mas ficou genuinamente intrigado.

Música?
Nós dois amávamos música eletrônica australiana e francesa.
Byron era um grande fã de Lane 8 e Daft Punk, e eu tinha uma queda por Bag Raiders, Pnau e Phoenix.
Simpatizantes de eletrônico.

Não concordávamos em tudo, mas nossas diferenças resultaram em discussões artificiais que nos fizeram dar ainda mais risada.
Não me lembro de outro encontro tão divertido.
Nem perto disso.

Não havia muito espaço para se mexer em nossa pequena mesa.
Pernas agitadas se enroscando no macramê que enfeitava a mesa.
Estávamos juntos naquele momento, e a possibilidade de haver um "nós" crescia de forma exponencial.

Eu sentia minhas pupilas se dilatarem, absorvendo toda a luz.
A sensação mais maravilhosa, o momento mais maravilhoso.
Mágico, até.
Mas também torturante.

Eu queria muito um segundo beijo.

De repente, eram duas da manhã.
A equipe do bar anunciou que estavam fechando e educadamente nos despachou para a calçada fria.

Uma lua nova se equilibrava acima do horizonte.

Parados na calçada, abraçados um ao outro enquanto um rio de pessoas passava correndo, nos beijamos sob a luz neon.

15.

Eu não queria que a noite acabasse, mas também, talvez pela primeira vez na vida, não queria ir rápido demais.

Havia algo especial na nossa conexão que precisava de cuidado.
Algo pelo qual valia a pena esperar.

Byron propôs que fôssemos até seu apartamento em Double Bay e levássemos a noite adiante com uma taça de vinho.
Quis muito dizer sim. Sabia que não podia confiar em mim mesma.

Felizmente, eu tinha uma desculpa impossível de ser contestada.

Eu havia combinado de tomar conta de Lea, a gata de um amigo que estava passando alguns dias fora.
Eu estava ficando em seu apartamento em Chippendale, para garantir que Lea fosse bem cuidada.

Sempre tive uma queda por gatos.

Durante o encontro com Byron o tempo e o espaço se dissolveram em uma maravilhosa ausência de significado.
A realidade bateu à porta quando me dei conta de que estava longe de Lea havia muito mais tempo do que esperava.

Eu precisava voltar, me certificar de que ela tinha comida e água, e que não estava presa em cima da estante ou dentro de uma gaveta da cozinha.

Ela era uma sem-vergonha corajosa e bigoduda.

Byron aceitou minha justificativa com desenvoltura e boa vontade.
Sem perder tempo, ele se ofereceu para me acompanhar até em casa.
Fiquei secretamente satisfeita com a pontinha de decepção que não conseguiu esconder.

Havia poucas chances de encontrarmos um táxi livre àquela hora.
E a ideia de interromper o embalo do romance para esperar um Uber no frio era simplesmente…
Não.
Queríamos que aquela noite terminasse nos nossos termos.
Fogos de artifício do início ao fim.

Sentindo nossa necessidade comum de manter a trajetória emocional, Byron sugeriu irmos a pé.
Ou talvez a ideia tenha sido minha.
Eram vinte minutos do bar até Chippendale.
Um pouco mais de salto alto.

Byron envolveu minha mão na dele.
Se meus pés doíam, não notei.

Lea aguardava minha chegada como uma tia ansiosa, ou uma acompanhante aflita que pegara no sono durante o trabalho.

A tentação de convidar Byron a entrar era forte, mais forte do que a gravidade.
Felizmente, ele não tinha expectativas e, se tinha, não forçou a barra.
Nós nos despedimos na porta, enquanto Lea fazia um número oito ao redor dos meus tornozelos.

Dei um beijo de boa-noite em Byron e, quando ele se virou para ir embora, chamei-o de volta e lhe entreguei o dinossauro do meu drinque.
Um gesto bobo.
Mas queria que Byron acordasse com evidências físicas do nosso encontro.

Para lembrá-lo do que tinha acontecido.
Para que soubesse que os sentimentos que compartilhamos eram reais.

Ele riu, eu sorri.
E ele se foi.

Soltei a respiração presa em um longo suspiro.

Me acalmei, dei comida a Lea, tirei os sapatos e liguei para minha mãe em Caxias do Sul.
Ela estava no intervalo do almoço no trabalho.

Contei que tivera um encontro com alguém muito especial.

– Ele não é bonito de um jeito clássico – eu disse. – Mas é o homem mais bonito que já vi.

14.

TRÊS ENCONTROS

Acordei mais cedo do que o planejado.
Lea se encarregou dessa tarefa.

Eu ainda estava digitando um agradecimento pseudocasual para Byron com meus polegares nervosos e sonolentos, tentando ser engraçada e não muito atirada, quando ele me enviou uma mensagem.

Meu coração deu um pulo. Lea também.
Uma explosão visceral de efervescência cafeinada.
Eu precisava ir ao banheiro. Mas não consegui me mexer.

Trocamos uma enxurrada de mensagens.
Cada mensagem que chegava era como um minúsculo presente a ser desembrulhado com um gritinho de felicidade.

Byron me convidou para almoçarmos juntos no dia seguinte.

Sairíamos oficialmente à luz do dia.
Eu estava feliz a ponto de o mundo inteiro me olhar com inveja e divertimento.

Nós nos encontramos no Empire Lounge, no terminal de hidroaviões de Sydney, em Rose Bay.
Céu sem nuvens, azul infinito.
Da nossa mesa, podíamos ver além da Shark Island, até o porto de Sydney.

Byron ficou me observando enquanto eu lia cada linha do cardápio de uma página.
Conferindo várias vezes as combinações enigmáticas de ingredientes, ponderando as escolhas.
Não sei ao certo que tipos de careta eu estava fazendo, mas, quando finalmente ergui os olhos, Byron estava se segurando para não rir.

Quando ele percebeu que eu estava tentando achar opções veganas, tentou ajudar.
Em seguida, foi falar com o gerente para garantir que preparassem exatamente o que eu queria.

Foi demais, um gesto heroico bobo, um exagero adorável.
Nunca quis ser o tipo de pessoa que faz estardalhaço, uma cena por conta de um prato.
Mas, sabe, foi fofo.
Byron se importava comigo.

Minha felicidade era sua prioridade.

Nosso domingo foi muito agradável, de um jeito tranquilo.
Muito diferente da nossa noitada, mas igualmente prazeroso.
Era fácil conversar com Byron.
Era fácil passar tempo com ele.

Os hidroaviões chegavam e saíam do terminal.
Comemos, tomamos vinho, conversamos muito.

O céu ficou amarelo.
Depois, laranja.
Depois, índigo.

Assim que cheguei em casa, comecei a planejar nossa próxima aventura romântica.

Quando você conhece alguém e a atração é mútua, mas tudo que precisa ser conhecido permanece desconhecido, é difícil saber se aquilo é mesmo química ou apenas uma fantasia.
Se há um genuíno potencial romântico ou se não passa de desejo não diluído.
Você vê tudo pela lente de um sonho.

O que eu sei é que uma semana é muito tempo para esperar.

"Tortura" é uma palavra forte demais, mas não me ocorre uma melhor.

Queríamos nos ver, mas não podíamos.
Byron vivia ocupado no trabalho e viajava sem parar.
Eu tinha um trabalho exigente numa empresa de logística que demandava foco total.
Um único erro, escondido entre milhares de detalhes minúsculos que passavam pela tela do meu computador, poderia custar milhões à empresa.

O nome de Byron estava constantemente nos meus lábios.

Pensava nele durante as atividades físicas, as reuniões, as refeições.
Acordada, dormindo.
Em toda parte, o tempo todo.

Falávamos por mensagem constantemente, sem motivo.
Eu adorava isso.

Os dias da semana se tornaram longos e indefinidos.
Eu contava as horas até estarmos juntos novamente.

Nossos sorrisos se reencontraram no porto de Sydney na sexta-feira seguinte, depois do trabalho.

Embarcamos na balsa para Manly ao anoitecer.
Todos os olhares voltados para nós.
Dois amantes em meio a uma carga lenta de passageiros cansados.

Uma interminável faixa de morcegos pairava acima de nós, além do rosnado evanescente da metrópole.

Nossos corpos balançavam juntos, acompanhando o ritmo da ondulação.
Eu com a cabeça apoiada no ombro de Byron, saboreando o ar fresco e salgado e as notas quentes do perfume dele.

Uma joia de cidade como pano de fundo.
Suntuosa e elétrica.
Os holofotes da Sydney Harbour Bridge e o sem-fim de janelas cintilantes dos apartamentos pintavam o mar vivo com constelações de luzes e brilhos.

Gaivotas prateadas sonolentas, assustadas com a água que a proa da balsa levantava, passaram voando por nós.
As asas e a barriga muito brancas, as penas espelhando o reflexo impetuoso da luz de popa.
Em seguida, desapareceram instantaneamente e sem deixar rastros na escuridão, como um passe de mágica.

A maneira perfeita de relaxar após cinco dias no escritório.
Não havia dúvidas disso.
Mas parecia algo maior.
Um final cinematográfico de um filme de Hollywood.
Uma escapadela romântica, o ensaio de uma fuga… chame como quiser.

Desembarcamos, com os olhos arregalados e o coração aquecido.
Turistas felizes em nosso iluminado quintal.

Nada sofisticado.
Drinques no Manly Wharf.
Hambúrgueres veganos do Hold.

Caminhamos pelo Corso, do porto ao mar, de mãos dadas.
Fomos e voltamos despreocupadamente.
Fingindo não olhar um para o outro.
Olhando intensamente um para o outro.

Nos beijamos sob os pinheiros da Norfolk Island, na praia, sob o aplauso das ondas quebrando.

Foi simples, puro e fascinante.

De volta à cidade insone, a agonia da separação.
Ao nos despedirmos, Byron pôs uma sacolinha de veludo na minha mão.
Dentro dela havia um lindo dinossauro de porcelana.

Sua resposta à bugiganga de plástico que eu dera a ele como lembrança do nosso primeiro encontro.

Byron havia entendido exatamente o que eu quisera dizer, e queria que eu soubesse que ele sentia o mesmo.
Ele também havia se apaixonado por mim.

Perdidamente.

Liguei para minha mãe.

O amor nos leva a fazer as coisas mais estranhas do mundo.

No nosso quarto encontro, eu disse a Byron que queria preparar um jantar para ele em seu apartamento, onde, ao contrário do meu, não havia mais ninguém morando.
Sim, seria tudo vegano.
Prometi que também seria delicioso.
Uma afirmação ousada para alguém que não cozinhava tanto assim, ou tão bem.

Seria minha primeira vez na casa de Byron, então passei mais tempo do que deveria me arrumando.

Optei por um vestidinho preto e branco.
Fresquinho e chique, bem francês.
Nada prático para a cozinha.
Valeria a pena.

Já eram sete e meia da noite quando finalmente cheguei ao apartamento de Byron em Double Bay, arrastando as pesadas sacolas com os ingredientes do jantar.
Também levei os utensílios e as panelas necessárias, pois suspeitava que Byron, que geralmente comia na rua ao ir e voltar do trabalho, não sabia muito bem onde ficava a cozinha nem para que servia.

No papel de anfitriã e chef, assumi o comando da nossa noite.
Byron, um convidado em sua própria casa, abriu uma garrafa de *sauvignon blanc*.
Pareceu indelicado não tomar uma taça.
E depois mais uma.

Nosso happy hour particular passou antes de percebermos que a maioria das pessoas nas outras casas de Sydney já estava lavando a louça, e nós sequer tínhamos começado a cozinhar.

O cardápio vegano que eu havia preparado para nós tinha apenas dois pratos.

Lasanha, seguida de sorvete e biscoitos.
Bem fácil, certo?

Mas levou uma eternidade.

Lasanhas são feitas desde o século XIII.
Massa, tomate, queijo e molho bechamel, que é, segundo me disseram, o mais básico de todos os molhos.
Para ser honesta, tanto o queijo quanto o molho bechamel veganos são um tanto temperamentais.

Byron assumiu o lugar de *sous-chef*, e passamos um bom tempo batendo cabeça na cozinha.

Nada se misturava direito.
Acabamos usando o liquidificador com tanta frequência e por tanto tempo que o vizinho de baixo subiu as escadas irritado, bateu à porta e gritou com a gente por estarmos fazendo barulho demais.
Nossas risadinhas incontroláveis provavelmente não ajudaram a aliviar a tensão.

Quando terminei de montar as várias camadas de massa, molho e queijo, percebi que havíamos feito molho demais.
Sobrou bechamel suficiente para batizar uma criança.

Pus a lasanha no forno às 22h30.
Às 23h15, nosso prato principal ainda não parecia estar pronto.
Então esperamos.
E esperamos.

Finalmente, às 23h45, nos sentamos para jantar.

A aparência da lasanha não era nada boa.
Ela estava queimada e, ao mesmo tempo, parecia resistente ao calor: uma almofada murcha que se escondera em uma travessa para fugir da casa pegando fogo.

– Aposto que o sabor está ótimo – disse Byron, em um tom encorajador.

Não estava.

O molho bechamel não era mais o vilão.
Apesar de termos dobrado o tempo de cozimento recomendado, as folhas de massa ainda estavam tão duras quanto um piso de linóleo.

Beliscamos o molho e o queijo ao redor dos grandes retângulos de massa à prova de balas.

Byron abriu outra garrafa de vinho branco, agora extremamente necessária. Estava tentando tecer elogios à chef e não conseguimos mais segurar o riso.

Rimos até as lágrimas escorrerem pelo rosto e o vizinho do andar de baixo bater com uma vassoura no teto.

Foi a maneira perfeita de encerrar uma noite superdivertida.
Ou pelo menos teria sido, se eu não fosse tão teimosa.

Eu queria salvar o jantar.
– Mais uma vez para a luta.
Tínhamos que fazer a sobremesa.
Voltamos à cozinha para fazer e sovar massa de biscoito.
O forno foi ligado novamente.

Dessa vez, tudo correu bem e, mais ou menos às duas da manhã, sentamos para devorar biscoitos caseiros quentinhos.

Não fui para casa naquela noite.

13.

Tinha sido tudo muito rápido.
Quando desembarquei em Sydney, meu círculo social era menor que uma rosquinha.
Eu não conhecia ninguém.

Todas as amizades ali eram recentes, novas em folha.
Fazer amigos é difícil para qualquer pessoa, em qualquer lugar.
Mas quando se troca de escola, emprego, cidade, país... por onde começar?

Mesmo que você fale o idioma do local, ainda há um campo minado de sinais sociais sutis, políticas interpessoais obscuras, gostos e tabus locais, panelinhas secretas e regras tácitas.

Para ser justa, há muito menos barreiras sociais na Austrália.

Não é nem de longe um país tão diverso ou inclusivo quanto o Brasil, nem, suspeito, tão descontraído quanto os australianos gostam de imaginar.
Estrangeiros e recém-chegados ainda são vistos com certa desconfiança.
Assim como veganos, abstêmios e intelectuais.
Mas é considerado grosseiro, se não absolutamente antiaustraliano, importar-se demais com religião ou política, o que abre muitas portas que em outros lugares estariam fechadas.

Você também vai ouvir com frequência que dinheiro não importa.
Mas isso obviamente é mentira.
Tanto lá quanto em qualquer outro lugar.

O que eu mais curtia na Austrália era o fato de que na maioria das vezes

você se sentia bem-vindo se simplesmente fosse capaz de rir de si mesmo e aparecesse com uma garrafa de vinho ou um fardo de cerveja na mão.
O igualitarismo australiano está em garrafas estupidamente geladas.

Mas às vezes não dá as caras.
Principalmente se, como eu, você não tem muito dinheiro e não dirige.

Uma época, tive um carrinho lindo.

Quando cheguei a Sydney, comprei um Mercedes branco compacto de segunda mão que parecia uma bola de neve brilhante.
E, por um breve período, tive uma carteira de motorista temporária, ainda de iniciante.

Mas fui parada pela polícia por falar ao celular enquanto dirigia, por não ter um motorista com carteira definitiva me acompanhando e por não dar seta.
Houve também uma quarta infração de trânsito da qual não me lembro…
Vamos supor que tenha sido por "ser sexy demais ao volante".

Por meus pecados, recebi uma multa de 1.200 dólares australianos e um convite para andar de ônibus por tempo indeterminado.

Não é de surpreender, portanto, que meus amigos mais próximos fossem também os que *estavam* mais próximos.
Literalmente.
Colegas da universidade, do trabalho e de apartamento.

Basta dizer que, ao me apaixonar por Byron, um novo mundo se abriu para mim.

12.

Byron me convidou para ver o show do The Chainsmokers no Sydney Showground.

Aceitei superfeliz, até ele dizer que faríamos um esquenta em Double Bay, onde tomaríamos um drinque com alguns de seus melhores amigos.

Aquela seria minha estreia na sociedade.
Estivesse eu pronta ou não.

Laura, uma amiga neozelandesa do trabalho que topava qualquer coisa, concordou em me acompanhar para dar apoio moral.
Mas ela trabalharia até tarde e só poderia nos encontrar no show.

Então, não tinha jeito.
Eu teria que enfrentar a inquisição e chegar lá sozinha.

◇

Há um ponto em que é impossível diferenciar empolgação e medo.
E esse ponto estava localizado logo atrás da minha caixa torácica.

Eu, uma garotinha tímida? Dificilmente.

Adorava conhecer pessoas, porque gosto de pessoas. Sempre gostei.
Não sou a alma da festa, mas gosto bastante de ser sociável.
Converso com qualquer um, em qualquer lugar, a qualquer hora.

Todos têm algo interessante para compartilhar se você lhes der a chance de falar.

Mas o que eu e Byron tínhamos juntos era tão recente, novo e perfeito quanto um bebê.
Muito precioso.

Eu estava um pouco nervosa.
Talvez mais do que um pouco.

Só não queria que algo desse errado.

◇

Os amigos de Byron eram lindos.
Lindos tipo "uau!".

Os melhores e mais brilhantes exemplares de todos os continentes.

Os homens eram altos e bonitos.
As mulheres, esculturais e deslumbrantes.
E inteligentes. Muito inteligentes.

Todos eles trabalhavam no mercado financeiro, como Byron.
E eram claramente muito bons no que faziam.
Mesmo vestidos de forma casual para um show, era óbvio que tinham dinheiro.
Sapatos caros, relógios grandes, brincos que captavam cada raio de luz.
Nenhum dos meus amigos em Porto Alegre sequer sonhava com essa quantidade de dinheiro, muito menos em esbanjá-la.

Quando a porta do apartamento se abriu e eu entrei, todos se viraram e me olharam de cima a baixo, para ver quem eu era.
Eu me senti imediatamente deslocada.
Baixa demais, boêmia demais, pobre demais.

Mas eu sabia o meu valor.
Entendia de música e matemática tão bem quanto qualquer outra pessoa.
Além disso, meu namorado era o anfitrião.

Namorado.
Que palavra importante.

Byron me viu do outro lado da sala.
Na mesma hora veio até meu lado e me abraçou para me cumprimentar.
Imediatamente me senti mais alta.

Demos uma volta pela festa enquanto Byron me apresentava.
Eram as Nações Unidas de investidores jovens e atraentes.
A maioria foi simpática.
Alguns, nem tanto.

Hugh, um norte-americano bem-vestido, parecia absolutamente desinteressado em mim até então.
Seu rosto exibia uma expressão reprovadora.
Sua infância deve ter sido uma piada.

Margo, uma australiana ruiva, bronzeada e com aparência de atleta, pareceu um pouco fria no começo. Ela me mediu como se eu fosse uma adversária que já havia derrotado.

E Olivia era uma loira de cabelos quase brancos que havia prendido artisticamente três braceletes Cartier Love de ouro branco de modo que eles não roubassem a atenção da tatuagem minimalista em seu pulso com a palavra "*étoile*". Poderia ser facilmente confundida com uma modelo, exceto pelo fato de ser capaz de provar os teoremas da incompletude de Gödel; ainda assim, de alguma maneira, parecia mais nervosa do que eu.

O amigo mais próximo de Byron, JP, pareceu um pouco chateado quando fomos apresentados.
Seu sorriso era tenso, e ele se afastou rapidamente.
Byron pediu licença e foi atrás. Olivia também.
Estava me perguntando o que tinha acabado de acontecer quando Grace entrou em cena para me resgatar.

11.

– Não se preocupe, ele vai superar – Grace me assegurou em um português perfeito. – O JP é incrível. Ele só está emburrado porque você roubou o parceiro de aventuras dele.

Nascida brasileira, britânica por natureza, Grace foi criada no mundo inteiro; havia morado na Austrália e na Nova Zelândia, e passado a maior parte da vida na Inglaterra.
Alta, morena e deslumbrante, era fluente em quatro idiomas e capaz de pedir drinques em vários outros.
Seus olhos verdes ofuscavam a luz de todos os cômodos em que entrava.

Grace explicou que ela e Byron se conheceram quando foram colegas de turma na London School of Economics, durante o mestrado.
Ela me contou que era casada na época, mas havia se apaixonado por um homem mais novo, o colega de quarto de Byron na faculdade, Colin. Então, deu tchau para o casamento e seguiu seu coração.

Grace apontou para Colin, parado ali perto.
Deu para entender o motivo.

◇

Grace me colocou a par do círculo de Byron em menos tempo do que o necessário para servir uma taça de champanhe.

Margo não tinha um namorado havia anos.
Tirar Byron do mercado não foi a melhor maneira de entrar para a lista de pessoas a quem ela enviava cartões de Natal.

Olivia era complicada e perfeitinha.
Teve um caso com JP, um rolo de uma só noite, nada sério, pelo menos para JP, que estava se recuperando de um divórcio.

Hugh era um semigênio e um semibabaca que não saía muito.
Tão carismático quanto um polegar com um rosto desenhado.
Mas, de acordo com Byron, era um bom amigo quando precisava ser.

Grace me deixou sem graça com as fofocas internas do grupo e suas aventuras compartilhadas.
Ela abriu seus amigos como uma manga suculenta, expondo todos os seus segredos pegajosos.

Aparentemente, o verniz elegante e intimidador de sofisticação de todos eles era uma ilusão, assim como a ideia que tinham de serem adultos era pura fantasia.
Peter Pan de Louboutins.

Eram jovens viciados em trabalho.
Viviam a toda velocidade. Não faziam ideia de como usar o freio.
Eram crianças grandes com um cérebro grande e brinquedos grandes.

Nerds que venceram na vida.
Eu meio que adorava isso neles.

Era um estilo de vida tão empolgante quanto insustentável, e eu suspeitava de que todos sabiam disso.
O esgotamento era inevitável.
Provavelmente, uma bênção.
Mas, enquanto ele não chegasse, iam com tudo.

Byron e seus amigos eram samurais fiscais do século XXI com um dom para análises cruéis e uma altíssima tolerância ao risco.
Eu fiquei admirada com tudo isso, seduzida, até.
Mas também, em algum nível, um pouco desconfortável.

Diante da honestidade inabalável de Grace, eu estava lutando para reavaliar a verdadeira natureza de Byron.
Sabia qual era a profissão dele. Sabia que ele tinha dinheiro.
Mas aquele ambiente. Aquelas pessoas.
Lindas e provocantes.
Emocionalmente incoerentes com o que eu tinha conhecido de Byron.

Quanto eu realmente sabia sobre ele?
Ele era de fato o homem por quem eu havia me apaixonado?

Os amigos de Byron eram incríveis, eu gostava deles, de verdade.
Da maioria, pelo menos.
No entanto, a postura deles me forçou a ver meu novo namorado de outro ângulo.

Além disso, um alerta: e quanto ao meu próprio caráter, meus próprios valores?
Com o que eu realmente me importava?
O que eu estava buscando naquele relacionamento?

Olhando ao redor da sala, a pergunta que eu não conseguia afastar da mente era: será que a busca constante por alto desempenho, em um âmbito puramente transacional, deixava algum espaço para a pessoa se conectar verdadeiramente com alguém, para se importar o suficiente, se sacrificar o suficiente, amar o suficiente, construir algo de verdade junto com outra?

Com um sorriso, Grace deixou claro que uma casinha com varanda não tinha valor em seu mundo.
Mas me garantiu que os objetivos de vida de Byron iam além do mercado financeiro.
Para ele, os sonhos eram muito mais importantes do que dinheiro.
O dinheiro era apenas uma ferramenta.

Se eu pudesse mesmo acreditar nela, e Deus sabe como eu queria acreditar, Byron era uma anomalia bancária de coração imenso.

Sim, ele era capaz de puxar o gatilho em um negócio estupendo sem pestanejar, mas também era uma alma sensível que irradiava bondade, empatia e honestidade.
Era por isso que todos gostavam de Byron, e Grace o admirava e adorava.

Em um mundo cruel repleto de Lestats, ele era um Louis.

◇

Eu e Grace nos divertimos muito naquela confusão bilíngue.
Papinho de festa em inglês.
Piadas internas à custa dos outros convidados em português.

Estávamos em uma roda de risadinhas conspiratórias quando Byron e Colin vieram em nossa direção com drinques em cores vivas.

Ao interrompermos nosso momento para nos juntarmos à festa, Grace sussurrou para mim:
– Não se preocupe. Todo mundo vai te adorar. Você é exatamente o que Byron precisava. Você vai ser boa para ele.

Um elogio gentil, mas estranho.
Gostei mais ou menos do que ouvi.

◇

Em meia hora, percebi que estava errada sobre todos eles.

Eu não era a única ansiosa por estar sendo avaliada naquela noite.
Depois que Grace me tranquilizou, consegui entender melhor a situação.
Os amigos de Byron pareciam genuinamente preocupados com minha opinião sobre eles.
Muito engraçado.

Se você já encolheu a barriga para uma foto, sabe como é bom finalmente se soltar.
Bem, essa era eu.

O vozeirão e o ar intimidador deles não passavam de pose e arrogância.
A pseudoconfiança de responder a uma pergunta com outra pergunta.
Eles usavam relógios Rolex no pulso, não os braceletes da Mulher Maravilha.
Se você não se intimidasse e interagisse com eles, eles piscavam.

Consegui enxergar o que havia por trás daqueles bebês nerds que andavam de jatinho, e não tive medo.
Muito pelo contrário.
Gostei deles por quem eram, não por quem fingiam ser.
Eu pertencia àquele espaço.

Mais importante ainda, eu estava apaixonada.

Estava apaixonada e pronta para viver a melhor noite da minha vida.

10.

Colin verificou o celular e sorriu.
Abriu a porta para dar uma olhada do lado de fora e depois saiu do apartamento.
Um minuto depois, voltou para dentro e disse:
– Vamos mesmo fazer isso?
Todos gritamos em uníssono: "sim!"

Com Byron segurando uma mão minha e Grace, a outra, passei da porta aos tropeços e desci as escadas.

A garagem era um lago negro de limusines.
Eu e Byron entramos em uma delas com Grace, Colin, JP, Olivia e Hugh.

O esquenta continuou sobre rodas.
Mais champanhe.
Mais histórias.
O volume da música aumentou. Todos sabíamos a letra.

Muito melhor do que pegar ônibus.

◇

À medida que nosso destino se aproximava, JP e Olivia começaram a distribuir "balinhas" para esquentar a noite.
Pequenos comprimidos cor-de-rosa. Aqueles que os australianos chamam de *disco biscuits*.
Eu e Byron demos de ombros e pegamos um cada.
Vi Hugh tomar dois. Ao menos ele sabia que tinha um problema naquela cara fechada.

Mal havíamos passado pela entrada principal do local do show quando Laura pulou nas minhas costas, me abraçando.
Uma alegre bola de demolição que fez Byron e Grace darem um pulo.
Olivia ofereceu a Laura um comprimido rosa, mas ela não precisava dele, pois já estava animada o suficiente.

Fiquei muito feliz em vê-la.

◇

Ficamos todos juntos, de frente para o palco.
Bastante empolgados.
Como se estivéssemos prestes a testemunhar o primeiro nascer do sol de nossa vida.

As luzes da casa de shows se apagaram e a multidão começou a gritar.

O zumbido penetrante de um sintetizador.
Uma única nota.
O volume aumentando.
O ruído sincopado da percussão eletrônica.

Um feixe de luz cortando a névoa da máquina de fumaça.
Depois outro, e outro, e outro, e outro, e, e, e… de repente, Alex e Drew, os DJs do The Chainsmokers, apareceram em uma nuvem de luz estelar.

Eles soltaram o som e dez mil almas entraram em outra dimensão.

O show foi espetacular.
Projeções gigantescas, o rugido incandescente do espetáculo pirotécnico, luzes coloridas e deslumbrantes piscando sem parar.

E a música, meu Deus, a música.
Uma poesia cósmica em melodias atômicas.

Alta o suficiente para realinhar os chacras dos deuses.
O próprio tempo começou a dançar.

Foi sublime.

Dançamos até ficar encharcados de suor.
A multidão vibrando em uníssono.
Um só coração gigantesco.

Eu e Byron estávamos dançando, rindo e cantando aos berros as letras das músicas.
Dancei com Laura, Grace e Colin, depois com JP e Olivia, Grace e Byron, um grupo de desconhecidos superanimados, depois Laura outra vez.

Era por isto que eu amava música eletrônica: a bela e alegre loucura do tecnicolor omnidirecional.
Até Hugh estava com cara de quem estava se divertindo horrores.

Eu e Laura nos revezamos para sentar nos ombros de Byron a fim de vermos o palco acima do *mosh* psicodélico.
Pobre Byron, com nossas coxas suadas ao redor do pescoço.
Ele estava adorando.

Peguei o celular. Queria filmar o que estava vendo, ouvindo e sentindo.
Era impossível.

Era como tentar capturar a força das Cataratas do Iguaçu com uma colher de chá.
Era preciso estar lá.

E eu estava.

Quando o The Chainsmokers tocou "Roses", meu coração entrou em chamas.
Gritei para Byron:
– Somos nós! Essa é a nossa música!

Oh, I'll be your daydream [Oh, eu serei seu devaneio]
I'll be your favorite things [Serei suas coisas favoritas]
We could be beautiful [Nós poderíamos ser lindos]
Get drunk on the good life [Nos embreagar com a vida boa]
I'll take you to paradise [Eu te levarei ao paraíso]
Say you'll never let me go. [Diga que você nunca vai me deixar.]

A música continuou na minha cabeça enquanto voltava para casa.
Exausta, extasiada.
Podia ouvi-la tocando enquanto fazíamos amor.
Podia senti-la como fogos de artifício sob a pele.

Say you'll never let me go.
Diga que você nunca vai me deixar.

◇

Liguei para minha mãe no dia seguinte e contei tudo que tinha acontecido no show, os novos amigos que havia feito e como dançamos a noite toda.

Ela ficou confusa.

– Mas você odeia dançar. Você não dança desde pequena – disse ela.
Aquilo me pegou desprevenida.
Mas eu sabia que ela tinha razão.

– Você adorava dançar – continuou ela. – Chegou a fazer parte de um grupo de dança na infância por um ou dois anos, lembra? Então, um dia... Um dia, você simplesmente parou. E não tinha nada que eu pudesse fazer, nada que alguém pudesse dizer para te convencer a voltar a dançar.
Minha mãe suspirou.
– Se você está dançando agora, só posso acreditar que é porque está apaixonada.
Então ela fez uma pausa.

– Apaixonada pra valer.

9.

Apaixonar-me por Byron foi um sonho acidental.
Mas eu ainda tinha outros sonhos.

Desde o dia em que respirei o ar australiano pela primeira vez, quis viver em Bondi.
Bondi é onde fica a praia mais popular do país.
Talvez a praia mais famosa do mundo... depois de Copacabana.

BONDI

Poucas palavras são capazes de acabar com minha vontade de me divertir como "praia urbana".

Na maior parte do mundo, inclusive no Brasil, imagino canos quebrados lançando esgoto no oceano. Peixes mortos e ratos afogados rolando no quebra-mar.
Aves marinhas banhadas em óleo e tubarões comendo o lixo mais fresco.
Baratas devorando o resto.

Bondi Beach é uma exceção.
Imagine uma Ipanema em miniatura feita por mãos divinas.

Uma orla perfeita de areia dourada, bem às margens da maior cidade da Austrália.
Um oceano azul brilhante tingido com um toque de esmeralda.

É difícil descrever um lugar com um apelo tão universal que seja tão singularmente australiano.
Herdeiros e novos-ricos, mas não é Malibu.
Tradições e tendências, mas não é Montauk.
Um festival atrás do outro, mas não é Ibiza.
Pessoas bonitas e belas vistas, mas não é South Beach.

Esse canto ensolarado de Eastern Suburbs, em Sydney, é mais do que apenas areia e surfe.
Bondi tem um coração pulsante, uma alma criativa.
A cidade está viva graças a seus animados moradores e aos jovens empresários.
Butiques excêntricas, arte nas ruas, bares, restaurantes e música, cafeterias charmosas e movimentadas.

E a Gertrude & Alice, possivelmente a livraria mais incrível do mundo.

Há um verdadeiro senso de comunidade em Bondi.
Há moradores de todos os tipos, mas todos cuidam uns dos outros.
Não se trata de uma utopia asséptica.
Mas, à sua própria maneira, todos dentro da bolha de Bondi defendem um estilo de vida e um ambiente saudáveis.

Não me refiro a vitaminas de couve branqueada em copos recicláveis, embora isso também exista.
Eu me refiro a um compromisso fundamental com o bem-estar das pessoas e do lugar.
O conselho local projetou um sistema subterrâneo de filtragem e armazenamento de águas pluviais movido a energia solar para economizar a preciosa água da chuva e deixar os golfinhos mais felizes.

Achava isso o máximo.

É claro que o paraíso não é de graça.
O valor médio do aluguel anual em Bondi é suficiente para dar entrada em uma casa na maioria das outras cidades.

E a entrada de uma casa em Bondi é um rim saudável em um balde de gelo vendido no mercado clandestino.

Isso explica por que muitos dos amigos de Byron moravam lá.

◇

Eu estava viciada em ver imóveis.
Sempre dava uma olhada nos anúncios de acomodações compartilhadas.
Um gato com o focinho pressionado em um aquário.

Acabei encontrando um apartamento quase perfeito.
Tamanho bom, preço razoável.
Ótima localização.
Uma caminhada de apenas dez minutos até a praia.

Meu colega de quarto em potencial parecia ser um cara legal.

A entrevista transcorreu bem. Papéis assinados. Apertos de mão.
Laura me ajudou com a mudança.

◇

O verão passou como um borrão verde-azulado.

Meu novo colega de apartamento, Joey, tinha mais ou menos a minha idade.
Tinha uma energia meio "dona de casa", mas era simpático.

Às vezes, caminhávamos juntos até a praia.
Seu único crime era usar shorts jeans de marca.

Eu e Byron trabalhávamos até tarde durante a semana, sempre.
Entre segunda e sexta, nosso relacionamento se baseava em mensagens de texto.
Très millennial.

O lado positivo era que eu tinha tempo de conhecer os *points* da vizinhança e encontrar com todas as minhas novas amigas.
Drinques e petiscos com Grace.
Boate com Laura.
Um jantar aqui e ali com Olivia, que se mostrava muito gentil depois que a conhecíamos de fato.

Ah, mas os fins de semana.
Os fins de semana eram reservados aos amantes.
Só nossos.

Jantares, shows, filmes, festas.
Grandes noitadas.
Noites tranquilas em casa.

Programas românticos. Ficar agarrados sem fazer nada.
Traçar planos exagerados, improvisar.
Sempre explorando, criando memórias.
Amando o amor.

De sexta a domingo, geralmente ficávamos na casa de Byron em Double Bay. Mas, de vez em quando, Byron aceitava dormir na minha cama de tamanho normal, com os pés pendurados para fora.

De manhã, os olhos tristes e assustados de Joey desgrudavam da televisão e nos seguiam do meu quarto até a porta da entrada.
Era engraçado, mas ao mesmo tempo estranho.

◇

As festas de fim de ano estavam se aproximando, mas ninguém estava a fim de esperar.
Os australianos comemoram como ninguém.
A preparação para um feriado nacional desencadeia uma rejeição generalizada da ética de trabalho protestante, antes uma prioridade nacional.

Pré-festa de fim de ano após pré-festa de fim de ano.
Depois, festa de fim de ano após festa de fim de ano.
Sempre maiores, mais bobas e mais loucas que a anterior.
Um pouco como o Carnaval no Brasil, só que com pessoas com menos gingado e um pouco mais de roupa.

Muito, muito divertido.

Eu estava me sentindo cada vez mais à vontade no grandioso mundo de Byron.
Não me sentia mais inferior nem deslocada.
Seus amigos autoconfiantes ou gostavam de mim ou me temiam.
Por mim tanto fazia.
Não havia nada que pudesse me abalar naquele momento.

Até que houve.

8.

Byron me pegou de surpresa com duas perguntas.

Se eu gostaria de jantar com os pais dele na noite de Natal.
Os pais dele!
E... se iria com ele para a África do Sul.

As implicações de cada um desses convites ainda não estavam totalmente claras para mim, mas só sei que gritei "sim" como um rato que ganhou na loteria nacional do queijo.

Sim, sim, sim, com certeza sim!

Se Byron me convidasse para acampar em uma das luas menores de Júpiter, eu não pensaria duas vezes.
Mas eu não era a única pessoa que Byron precisava consultar.

Ele vinha planejando a viagem à África do Sul com Grace, Colin, JP e Margo havia muito tempo.
Bem antes de começarmos a namorar.
Byron sentiu que precisava da autorização deles para que eu fosse junto.

Aquilo me incomodou um pouco.

Por um lado, ele me amava o suficiente para querer que eu conhecesse seus pais.
Que passasse o Natal com sua família.

No entanto, precisava da permissão dos amigos para eu viajar com eles.

Fiquei confusa, mas tentei ver a situação do ponto de vista dele.
Quando Byron fez o plano com os amigos, ele, Margo e JP eram solteiros.
Um segundo casal a mais mudava a dinâmica.
Seriam férias bem diferentes.

Pedir "permissão" a JP e Margo me magoou, pois nenhum dos dois tinha ido muito com a minha cara.
Acho que deveria ter agradecido por ele não precisar perguntar a Hugh.
Em breve Byron ligaria para os amigos, e eu sabia que Grace e Colin apoiariam minha ida.

Estava determinada a não deixar isso me abalar.

◇

Ser apresentada a Mattys e Embeth, os pais de Byron, foi como conhecer duas celebridades que passei anos vendo na televisão.
Tinha ouvido falar tanto sobre eles que sentia já os conhecer.

Eles me abraçaram como se eu fosse uma filha desaparecida havia muito tempo.

Mattys e Embeth moravam em Wisemans Ferry, uma cidade histórica nos arredores de Sydney com uma população menor do que a do meu prédio.
A bela casa deles era cercada de natureza e tinha vista para o grande rio Hawkesbury.
O ar era limpo e fresco, com cheiro de eucalipto.

A ceia de Natal foi tão divertida que repetimos a dose menos de 24 horas depois.
Com direito a chapéus bobos e tudo mais.

Embeth, pequena e carinhosa, me surpreendeu com um banquete vegano na véspera de Natal.
Fiquei tão feliz que quase chorei.

Depois, no dia de Natal, almoçamos na varanda com vista para o rio.

Mattys, um fã de vinhos do tamanho de um urso-pardo, havia montado uma enorme adega só com garrafas de qualidade.
Cada garrafa tinha sua própria história.
O estampido das rolhas sendo puxadas se tornou a percussão de nossa trilha sonora natalina.
Um coro estridente de papagaios selvagens coloridos fez as vezes do vocal.

No Brasil, nas festas de fim de ano, esperamos ansiosamente pelos fogos de artifício, mas tomar um vinho à beira do rio era uma tradição familiar que eu poderia abraçar com prazer.

Pegamos o voo no início da manhã seguinte.
Byron usava um chapéu engraçado de rena; e eu, o meu de Papai Noel.
Ainda era Natal na África do Sul, e estávamos determinados a manter vivo o espírito natalino.

A Cidade do Cabo me deixou sem fôlego.
Uma cidade litorânea deslumbrante, cercada de montanhas imponentes.

Quase na mesma latitude da minha cidade natal no Brasil e da minha cidade adotiva na Austrália.
Era como se, de alguma maneira, tudo estivesse conectado.

Era para eu estar ali com Byron.

Eu ainda não sabia o que esperar de JP e Margo.
Eu e Byron tínhamos ido até o aeroporto com Grace e Colin, e eu mal havia falado com Margo e JP antes de embarcarmos no avião.
Será que era porque eles achavam que eu estava me intrometendo em suas férias ou porque estávamos todos de ressaca?

Eu não sabia dizer.

Não deveria ter me preocupado.
JP foi um amor comigo depois que aterrissamos.
Todos os amigos de Byron foram ótimos.
Tanto que me perguntei se Grace havia falado com eles.

Margo estava mais simpática do que o normal, embora continuasse a valentona emotiva de sempre.
Não parava de falar como suas histórias e conquistas eram superiores às de todos os demais, o que eu achava desrespeitoso e irritante.
O revirar de olhos coletivo, no entanto, deixou claro que eu não era a única.
Apenas Margo sendo Margo.

Logo percebi que o fato de Margo tentar superar o relato de alguém era, à sua maneira, um sinal de respeito, talvez até de afeto.
Então, acho que ela finalmente havia me aceitado.
Oba?

A Cidade do Cabo é o país das maravilhas dos turistas.
Tudo que poderíamos desejar na vida, e experimentamos mesmo tudo.
Do mar à montanha, brincamos sob a luz do sol e sob as estrelas.

Ser apresentada aos tios e primos de Byron, e conhecer tantos de seus amigos de infância, foi uma alegria à parte.
Seus avós foram incrivelmente carinhosos comigo.
Era como se eu os conhecesse e os amasse desde sempre.

Depois de saborear as delícias do litoral, Byron nos levou para o interior, para um safári de uma semana na reserva Manyeleti.
Durante o dia, saíamos com guias locais para ver a vida selvagem característica de uma reserva natural particular que tinha aproximadamente cem vezes o tamanho de Bondi.

Quando a noite caía, voltávamos para nosso próprio chalé.
Era aconchegante e romântico.

Como alguém que adora ver animais livres em seu habitat, eu já estava alucinada quando vimos os primeiros macacos.
Eram muito diferentes dos que temos no Brasil.
Eram maiores e mais ousados, mas igualmente atrevidos e travessos.

Quando vimos leões, leopardos, búfalos-africanos, rinocerontes-negros, rinocerontes-brancos e, sem dúvida meus favoritos, os elefantes... quase desmaiei.

Byron ficou encantado ao ver como eu estava feliz, explorando seu país natal.

A viagem foi um momento decisivo para nós dois.
Conectar-me com as raízes de sua família, conhecer as cidades e os fantásticos lugares que lhe deram o senso de deslumbramento, orgulho e propósito de toda uma vida, revelou uma parte oculta dele que agora eu podia abraçar.

Se em algum momento tive dúvidas sobre a possibilidade de ficarmos juntos, elas desapareceram completamente na África do Sul.

7.

A vida estava diferente quando voltamos para Sydney.

Diferente de um jeito bom.
Diferente de um jeito incrível.

Os melhores amigos de Byron se tornaram meus melhores amigos.
Sim, até Margo.
Não acredita em mim?
Eu mesma criei um grupo no WhatsApp para todos nós, chamado "Besties", e ela mandava mensagem todos os dias. Nós todos mandávamos.

Colin me deu um apelido, "Broc".
E pegou.

Broc vinha de brócolis, meu legume favorito e meu pedido preferido sempre que jantávamos em um restaurante cujo cardápio não tivesse opções veganas.
Não posso dizer que fiquei entusiasmada com o fato de o grupo me chamar de Broc, mas eles não estavam errados.
Eu amo brócolis de verdade.

Grace, Olivia e Margo me mandavam todo dia mensagens sobre tudo e sobre nada.
Onde vamos nos encontrar hoje à noite?
O que você acha dessa roupa?
Vou cortar a franja, será que estou maluca?
Sabe, coisas de mulher.

♪

Fomos todos assistir à apresentação do Rüfüs Du Sol no Carriageworks.
Mais uma vez, em grande estilo.
Foi tão divertido quanto meu primeiro show com os amigos de Byron, se não mais.
Dessa vez, todos gostaram de mim antes das balinhas coloridas.

Rüfüs Du Sol e The Chainsmokers se tornaram meus dois grupos musicais favoritos.
Isso diz alguma coisa, porque, quando eu era mais nova, nutria uma paixão adolescente tão pura por Dave Matthews Band que tatuei escondido "Dave Matthews Band" no meu tornozelo.
Quer dizer, só as iniciais. DMB.
O que, mais tarde, percebi que era a abreviação de "*dumb*" (burro, em inglês).
Meu dilema era o seguinte: se tentasse remover a tatuagem, ou cobri-la com outra, estaria admitindo publicamente que cometera um erro idiota.

Decidi bancar.

Depois da África do Sul, o único aspecto em que minha vida não parecia melhorar era em casa.
Joey, antes um colega muito tranquilo, agora parecia estar com ciúmes de Byron.

Sempre que Byron aparecia, Joey resmungava e ficava de mau humor, andando pelo apartamento feito um pinguim irritado.

Não vou me gabar sugerindo que Joey tivesse uma queda por mim.
Talvez ele estivesse cansado de me ouvir falar sobre meu namorado.
Talvez tivesse se cansado de dividir a casa com uma terceira pessoa.
De qualquer maneira, seu comportamento começou a me deixar um pouco desconfortável.

Avisei a Byron que estava procurando outro apartamento em Bondi.
E ele me disse que havia um bem interessante em Double Bay.
Sua maneira de sugerir que morássemos juntos.

Um passo muito grande depois de apenas seis meses.

Liguei para minha mãe e perguntei o que deveria fazer.
Ela disse somente:
– Eu te amo.

– Eu também te amo – respondi, confusa. – Mas será que eu já deveria ir morar com o Byron?

Ela respondeu que não sabia.
– Não cabe a mim dizer, Lini. A minha própria vida amorosa é toda feita de erros e acertos.

◇

Minha mãe conheceu sua alma gêmea, Qelbes, ainda na adolescência.
Mas a mãe dela, minha avó, ficou tão preocupada com o fato de Qelbes ser sete anos mais velho que a filha que a proibiu de vê-lo.
Para sempre.

Felizmente, dezoito anos depois, após minha mãe ter rejeitado uma série de homens inadequados e me criado praticamente sozinha – e Qelbes ter terminado um casamento infeliz –, eles se reencontraram.

A conexão era real.
A faísca ainda estava lá.
Eles tiveram o casamento que sempre sonharam e são apaixonados desde então.

◇

– Além disso, até hoje você não seguiu quase nenhum dos meus conselhos – disse, minha mãe, e imaginei o sorriso gentil na voz dela. – Então, seja qual for sua decisão, filha, quero que saiba que eu te amo.

Informei à transportadora que meu novo endereço ficava em Double Bay.

6.

Logo após concluir o curso na Universidade de Tecnologia de Sydney (UTS), tinha recebido uma proposta de emprego no setor de logística de uma grande empresa australiana de alimentos saudáveis e cereais matinais, com sede em Pagewood. Bem perto do Aeroporto Internacional de Sydney.
Em seguida, não muito antes de conhecer Byron, aceitei uma vaga melhor do outro lado do porto, em Macquarie Park.
Eu era funcionária da maior empresa de alimentos da Australásia.

Foi lá que conheci Laura.

Meus colegas de trabalho eram genuinamente simpáticos, todos eles. Algo que poucas pessoas podem dizer.
Mas Laura estava em outro nível.
Superinteligente, dedicada e sempre generosa, ela costumava me preparar guloseimas veganas, embora ela mesma não fosse vegana.
Seu humor neozelandês era ao mesmo tempo bobo e um pouco sarcástico, o que eu adorava.

Um dia, nosso departamento recebeu uma caixa de amostras grátis da mais recente linha de lanches saudáveis da empresa.
Nós duas provamos e eram deliciosos.
Então, Laura declarou uma competição gastronômica.

O que tornava a sugestão ainda mais absurda era o fato de que tínhamos acabado de almoçar tigelas enormes de *poke* no shopping.

Mas era impossível dizer não a Laura.

Em dez minutos, estávamos gemendo entupidas de comida.
Rostos cobertos de migalhas, saliva e lágrimas.
Era muito engraçado, mas doía dar risada.
Foi terrível, mas de alguma forma incrível.

◇

A mesa de Laura ficava bem ao lado da minha.
Um descuido da gerência ou um golpe de mestre.
Quem poderia dizer?
Fazíamos rir uma à outra o dia inteiro, mas também trabalhávamos muito.
Não faltavam desafios complexos para nossos cérebros ocupados.

Nossa empresa produzia dezenas de marcas saudáveis de centenas de linhas de produtos, obtendo milhares de ingredientes frescos de fornecedores regionais, trabalhando em parceria com dezenas de milhares de varejistas.
Nossos produtos eram amados por milhões e milhões de clientes fiéis.

Detalhes dentro de detalhes.
Um milhão de pixels de dados em movimento constante.
Eu e Laura estávamos tão envolvidas com o software de planejamento de recursos que, depois de algum tempo, quase parecíamos estar no filme *Matrix*.
Eu conseguia prever como um aumento de centavos no preço da tonelada de trigo no lado ocidental da Austrália e um excedente de ração para gado em uma fazenda de laticínios em Waikato afetariam o custo da entrega de pão integral em Port Moresby, na Papua-Nova Guiné.

Em poucas palavras: eu e Laura lidávamos com mais números, fazíamos mais análises de dados, avaliávamos mais riscos, nos adequávamos a mais regulamentos rigorosos e fazíamos mais previsões de tendências do que qualquer um dos amigos de Byron.

Só que ganhávamos uma fração do que eles ganhavam.

Colocávamos comida na mesa das pessoas, enquanto eles enchiam os próprios bolsos de dinheiro.
Mas quem precisa de dinheiro quando se tem lanches de graça?

◇

Eu adorava meus colegas, gostava do meu trabalho e tinha orgulho da nossa empresa, principalmente depois que parei de comer carne.
A maioria dos nossos produtos alimentícios mais populares era 100% vegana.

Mas, mesmo antes de conhecer Laura, uma tragédia no meu local de trabalho havia me levado para outro caminho.

◇

David cuidava da divisão de cereais matinais, a maior e mais importante de toda a empresa.
Ele tinha quase o dobro da minha idade, estava para se aposentar, mas ainda era apaixonado por seu trabalho.
Muitas vezes trabalhava até mais tarde do que todo mundo.

Um verdadeiro amigo e professor.
Sempre disposto a dedicar um tempo de seu dia para ensinar novatos como eu.

Todo mundo gostava dele.

Certa manhã, David não apareceu no escritório.
Ele nunca se atrasava, então todos começamos a nos fazer a pergunta óbvia.

Nossos medos se concretizaram quando ficamos sabendo que David havia sofrido um grave derrame durante a noite.
Ele estava internado.

Todos no escritório ficaram muito chocados.

Alguém sugeriu que fizéssemos uma vaquinha para enviar flores a ele.
Todos concordaram que era uma boa ideia.
Em seguida, voltamos ao trabalho, torcendo por boas notícias.

As boas notícias não chegavam.

David ainda estava no hospital no dia seguinte, e nos disseram que era improvável que se recuperasse por completo.

Perguntei a meus colegas e fiquei surpresa ao saber que ninguém tinha planos de visitar David.
– Estamos todos enrolados, e é muito longe – disseram uns.
– O hospital fica do outro lado da cidade. Vai demorar um dia para ir e voltar – falaram outros.

Então, aproveitei um dia de férias e peguei trens, balsas e ônibus até que, algumas horas depois, cheguei ao hospital e fui levada ao quarto de David.

Ele estava diferente.
Esvaziado. Distante.
Mas ainda era o homem que eu conhecia tão bem e a quem devia tanto.

A esposa de David estava sentada ao lado dele.
Ela parecia triste, mas era adorável.
Seus olhos brilharam quando entrei no quarto.

Quis abraçar David, mas não o fiz.
Nunca havíamos nos abraçado antes no trabalho e, por alguma razão, parecia desrespeitoso começar naquele momento.
Estendi a mão para ele; não havia nenhuma força nos seus dedos.
Então, apenas segurei sua mão por um tempo.

Transmiti os votos de melhoras do pessoal do trabalho e disse que todos sentiam muito a falta dele. Ele acenou com a cabeça rigidamente.
Depois, contei as últimas fofocas da empresa e ele começou a sorrir.

Nós conversamos.
Foi difícil.
Tive que ser paciente.

O cérebro danificado de David estava funcionando com metade de sua capacidade.
Ele precisava de mais tempo para compreender o que eu dizia.
Mais tempo ainda para responder.

Falava muito devagar e com imenso esforço.
Mas estava presente, e a conversa foi possível.

Quando finalmente me levantei para sair, disse a David quanto ele era importante para mim.
Seus olhos estavam marejados. Os meus também.
Que se dane o profissionalismo.
Abracei David, e ele me abraçou de volta com toda a força que lhe restava.

◇

No escritório, no dia seguinte, contei aos meus colegas e superiores sobre o estado de saúde de David.
A equipe sênior inclinou a cabeça ligeiramente enquanto expressava simpatia por David e me elogiava por ter feito aquele esforço extra.
Mas ninguém iria visitá-lo.
– É muito longe e estou muito ocupado.
– Garanto que ele está sendo muito bem tratado.
– A família está com ele.

O que os olhos não veem o coração não sente.

Raramente acontece (basta perguntar à minha mãe), mas fiquei sem palavras.
Não sabia se essa aparente frieza era profissional, pessoal, geracional ou cultural.
Brasileiros e australianos eram tão diferentes assim?

Será que as pessoas que faziam parte da nossa vida deixavam de ser importantes com tanta facilidade?

Eu não conseguia aceitar que os níveis de compaixão e amizade mudavam de acordo com o país.
Eu não conseguia aceitar a delimitação emocional entre trabalho e lar.

Há pessoas com as quais você se importa e pessoas com as quais não se importa.
Ao passar tempo com as pessoas no trabalho você está compartilhando a maior parte da sua vida com elas.
Existe um contrato de humanidade.

Deixar de se importar com um amigo ou um colega de trabalho de uma hora para a outra, por qualquer motivo, é como nunca ter se importado.

◇

Minha carreira mal havia começado, mas eu já sabia que não conseguiria dedicar o melhor de mim a uma sala cheia de móveis de escritório sem graça ou a um desfile de executivos indiferentes.

Se eu fizesse isso, qual seria meu legado – a marca da minha bunda no estofado da cadeira do escritório?

Um dia, vamos parar de respirar.
Aquela era minha única vida, e ela precisava ser importante.
Eu precisava fazer algo meu com o tempo que me restava neste planeta.

E já sabia o que era.

5.

Eu amo a Natalie Portman.
Pelo menos até onde é possível você amar alguém que nunca conheceu.
Talvez demais, talvez não o suficiente.

Natalie é uma atriz incrivelmente talentosa (*Cisne negro*, *Closer – Perto demais* e *V de Vingança* são três dos meus filmes favoritos), mas, acima de tudo, é uma deusa.
Não tem medo de se manifestar e dizer o que pensa.
Uma incansável defensora das mulheres, dos oprimidos e dos animais.

Eu estava na faculdade em Porto Alegre quando Natalie lançou uma linha de calçados veganos de edição limitada da marca Té Casan.
Seus lindos calçados não eram vendidos no Brasil, mas ela havia plantado uma semente dentro de mim.
Eu podia sentir.

Avance dez anos no tempo.

Byron precisava muito de um novo par de sapatos para trabalhar.

Prometi a ele que encontraria sapatos que não fossem de couro e ficassem ótimo com terno.
Não sabia que esse desafio seria tão difícil.

Fiquei chocada com as poucas opções que havia.
Claro, se você quisesse relaxar na praia ou virar hippie, tudo bem: havia um monte de opções de mocassins e sandálias.

E se quisesse sapatos que parecem feitos de papelão, iguais aos do seu bisavô, encontraria sem dificuldade.

Meu cérebro de gestora logística identificou imediatamente uma necessidade do consumidor que não era atendida.
Uma verdadeira oportunidade de negócios.
Meu coração me disse que era aquilo que eu estava esperando.

Aquele era o meu momento.

A faísca que Natalie Portman acendera dentro de mim cresceu e cresceu, até consumir meus medos, minhas imperfeições, minhas desculpas e se tornar meu propósito.

Eu ia trabalhar com moda ética.

E, por "moda", eu me referia a sapatos *street* estilosos, perfeitos para tomar um café ou uns drinques – que chamariam a atenção em qualquer lugar.
E, por "ética", eu queria dizer *cruelty free* e zero desperdício.

Para fazer da maneira correta, um compromisso com o veganismo era só o começo.
Como profissional de logística do setor de alimentos, eu sabia muito bem que cerca de um terço dos alimentos produzidos era desperdiçado.

Uma em cada três bananas. No lixo.
Dois de cada cinco pães. No lixo.

Quase três bilhões de toneladas de alimentos apodreciam nas fazendas, eram perdidos ao longo da produção, não eram vendidos no supermercado, ou não eram consumidos e acabavam sendo jogados no lixo.
Todo. Ano.

Um dos jeitos mais simples de reduzir o lixo é reutilizá-lo.
Comecei a pesquisar novos materiais que ajudariam a remover plásticos tóxicos dos aterros sanitários e dos estoques para incineração, e a evitar que montanhas de valiosa matéria vegetal se transformassem em adubo não utilizado. Não demorou muito.

Os seres humanos são incríveis.

A criatividade desse setor me inspirou.
Materiais bonitos e resistentes estavam sendo fabricados com resíduos de abacaxi, plástico reciclado, cortiça, folhas de cacto e até mesmo casca de maçã.

Decidi chamar minha marca de calçados responsáveis de No Saints.

Ninguém é santo. Eu sabia disso.
E não tinha o direito de julgar quem fizesse escolhas diferentes das minhas. Eu não era fã dos grupinhos veganos, mais parecidos com um culto, que se sentiam superiores e desejavam mal àqueles que não compartilhavam de seus ideais extremos.

Eu só queria um planeta mais gentil, mais saudável e mais feliz.

A inclusão era fundamental para meu plano de negócios.
Desenhar calçados que todos gostassem de usar, fossem do time grão-de-bico ou do time cheeseburger.

Sem julgamentos morais.
Minhas crenças pessoais não me tornavam melhor do que ninguém.
Se eu era especial de alguma forma, era porque estava preparada para agir a partir de algo que a maioria das pessoas já vinha pensando: "Como posso me sentir bonito e ao mesmo tempo fazer o bem?"

Eu sabia que aquela ideia era maior do que eu, mas mantive minha arrogância sob controle.

Nem por um segundo pensei que a No Saints poderia salvar o planeta.
Mas acreditava com todas as fibras brasileiras do meu ser que, se eu trabalhasse duro e uma quantidade suficiente de pessoas gostasse do que eu estava fazendo, meus sapatos responsáveis poderiam fazer parte de um movimento para deixar o mundo menos ferrado.

A partir de então, passei cada minuto livre tentando transformar meu sonho em realidade.
Estudando, planejando, fazendo esboços.
Anotações detalhadas sobre tudo.
No entanto, estaria mentindo se dissesse que acordava todos os dias pensando em moda ética.

Confesso que eu tinha outra coisa em mente.

4.

Quando abria os olhos toda manhã, meu primeiro pensamento era quão sortuda eu era por estar com Byron.

Aquela cama, aquele quarto, nosso lar.
Meu casulo de felicidade.
Eu estava genuinamente grata.
E um pouco envaidecida.

Às vezes, eu continuava deitada na cama por um ou dois minutos depois de acordar.
Vendo-o dormir.
Seu peito subindo e descendo.
Me deleitando com nossa intimidade fácil e segura.

Mas só às vezes.

Na maioria das manhãs, pulava da cama ao som do despertador.
Madrugadora, guerreira, hipersensível.
Eu.

Morar com Byron provou ser ainda melhor do que eu havia imaginado.
Foram necessários pequenos ajustes no início, mas nos demos bem juntos.
Muito bem.

Byron gostava de começar o dia com calma, como um urso na primavera recém-saído da hibernação.

Ele gostava de tirar sarro da minha rotina matinal frenética.

Quando meu amante sonolento finalmente se lembrava de onde estava, eu já estava de um lado para o outro pelo nosso apartamento como um morcego preso tentando sair, o robe balançando atrás de mim como a capa de um super-herói.

Byron gostava de café como uma pessoa normal.
Ele se servia, tomava-o e seguia em frente com sua vida.
Eu não.

Culpa das minhas raízes brasileiras.

Se alguém me prepara um café, é apenas uma deliciosa bebida quente, pela qual fico muito grata.
Mas quando eu mesma o preparo, torna-se um ritual.

Cada gota de néctar escuro é sagrada, até o menor dos resíduos.

Primeiro, a mistura perfeita de grãos de café arábica e robusta.
Água escaldante.
Cuidadosamente filtrado.
Duas pitadas de açúcar de coco.
Depois, bato o leite de amêndoas com um batedor elétrico chique e, com muita delicadeza, ponho por cima essa nuvem doce, amendoada.
Extraordinário.

Agora é que fica um pouco estranho.

Em vez de apenas tomar meu precioso café, fico bebericando-o com o ar distraído de um beija-flor inconstante.
Alterno entre as tarefas, faço ligações, envio mensagens para Grace, penteio o cabelo, passo maquiagem.

Reaquecendo conforme necessário, eu posso levar cerca de uma hora para terminar uma única xícara de café.

Às vezes, mais.
E ai de Byron se pusesse minha xícara vazia na máquina de lavar louça.

Esse é um erro que só se comete uma vez.

◇

Deixando de lado o ritual matinal do café, eu e Byron tínhamos uma convivência muito boa.
Encontramos nosso ritmo com naturalidade.

Tínhamos gostos semelhantes e o mesmo círculo de amigos.
Quando discordávamos, chegávamos a um meio-termo.
Se um de nós precisasse de espaço, apenas não perturbávamos.

Quando Byron tinha que trabalhar até tarde, por exemplo, eu passava mais tempo trabalhando na No Saints.
Às vezes, saía para jantar com Grace ou Olivia.
Ou Margo, em um momento de aperto.

As coisas estavam acontecendo depressa, mas tudo de que gostávamos em nós dois como casal havia sido construído com base no respeito mútuo enquanto indivíduos.

Um herbívoro e outro onívoro.
Um de finanças e outro de moda.
Um notívago e outro madrugador.

Como diz a famosa música de Gilberto Gil, *"Cada macaco no seu galho"*.

De alguma maneira, sabíamos fazer as coisas darem certo.
E nos divertíamos fazendo isso.

Na infância, eu tinha crescido com animais.
Três cães, um gato, dois peixes, duas tartarugas e três camundongos.
Mas quem está contando?

Eu adorava estar cercada por vida.
Queria um lar cheio de animais felizes.

Byron também adorava a ideia, mas ressaltou que, se nós dois viajávamos tanto que não conseguíamos dar às plantas domésticas mais resistentes o cuidado e a atenção que mereciam, imagine animais de estimação emocionalmente inteligentes.

Ele estava certo. É claro.
Mas ainda queríamos animais em nossa vida.
Então, nos inscrevi em um aplicativo para sermos babás de animais.

De vez em quando, tomávamos conta de um cachorro enquanto os donos estavam fora.
Garantíamos que eles se sentissem seguros e amados, e eles nos davam uma dose de amor canino por um dia ou três. Às vezes, um mês.
Só víamos vantagens.

◇

Nosso primeiro ano juntos foram doze meses alucinantes tentando realizar todos os nossos sonhos de uma só vez.
Para nosso crédito, e nosso espanto, chegamos bem perto.

3.

Double Bay é um belo e exclusivo subúrbio à beira-mar.

Talvez um pouco exclusivo demais. Um pouco organizado demais.
Às vezes, parece um estacionamento para carros de luxo.
Um ponto de encontro para advogados brancos de meia-idade.

Nós dois estávamos cansados de pagar aluguel.
Queríamos um lugar só nosso.
Havia um lado bom de ter vizinhos pouco gentis.

E eu sentia falta da praia.

◇

O mercado imobiliário de Sydney é um esporte sangrento e glamoroso.

Fomos humilhados algumas vezes, mas mantivemos a cabeça em pé e os olhos abertos.
Em um mês, encontrei o apartamento perfeito em Bondi.
Simples e moderno, mas não pretensiosamente austero.
Perto da praia, com vista para o mar.
A luz natural e o ar fresco fluíam por todos os cômodos.

Eu adorei.
Byron adorou.
Nós adoramos.

Um breve aperto de mãos.

Alguns suspiros profundos.
E éramos donos de um imóvel.

Um lugar para nutrir as esperanças e os sonhos em comum.

◇

O closet da nossa nova casa era maior do que o dos meus dois quartos anteriores.
Aquele espaço extra me permitiu ter um bom escritório.

Com o incentivo de Byron, comecei a levar a sério o desenvolvimento do meu plano de negócio e da minha linha de produtos para a No Saints.

Amor de verdade é ter um parceiro que acredita em você.

◇

Naquele inverno, fomos ao casamento de Grace e Colin no hotel Palácio Estoril, na Riviera Portuguesa.

Um casal tão bonito.
Um lugar deslumbrante.

Lágrimas de felicidade.

Grace havia se tornado uma irmã para mim.
Ríamos de como ela tinha deixado de ser a amiga de Byron para ser minha melhor amiga.
No casamento, Grace se referiu a Byron, em tom de brincadeira, como meu "acompanhante".

Depois que o casal feliz partiu para a lua de mel, eu e Byron ficamos um tempo em Lisboa.
Tínhamos planos especiais só nossos.

◇

Primeiro: pesquisa.

Os sapateiros de Portugal estão entre os melhores do mundo.
A habilidade desses tradicionais artesãos é excepcional.
As mãos talentosas que executam cada corte e ponto perfeitos são um testemunho de quase cinquenta gerações de maestria e orgulho.
Eu queria visitar as oficinas históricas para ver se elas estavam aptas a fabricar sapatos usando Piñatex, AppleSkin e outros materiais de couro vegetal de última geração.

Precisava de um parceiro para a No Saints.
E queria muito que fosse ali, com eles.

Segundo: um encontro de consequências ainda maiores.
Estava na hora de Byron conhecer minha mãe.

◇

Embarcamos em um avião para as Ilhas Gregas.

2.

Juceli, minha mãe, e Qelbes, meu padrasto extremamente bem-humorado, haviam preparado uma armadilha para Byron em Santorini.

Nós, brasileiros, não somos conhecidos por conter as emoções.
No entanto, quando meus pais nos receberam, pareciam calmos e tranquilos em suas roupas de férias mediterrâneas.
Taças de rosé gelado, levemente agitadas em suas mãos não dominantes.

Mas eu não me deixei enganar.

Brasileiros católicos não viajam até o outro lado do mundo para conhecer o homem com quem a filha está vivendo em pecado sem nutrir algumas expectativas.
E, provavelmente, sem suprimir um ou dois medos cristãos bem arraigados.

Como eu era a única pessoa bilíngue, todos recorriam a mim para transpor a barreira do idioma.
Juceli e Qelbes falavam um pouco de inglês.
A única palavra em português que Byron entendia era *caipirinha*.
Que ele geralmente pronunciava errado.

Aceitei com relutância o papel nada invejável de tradutora das conversas entre meu namorado e meus pais, quase inteiramente sobre mim.
Estava com medo de que aquela situação fosse constrangedora para todo mundo.

Mas, para minha sorte, eles ficaram muito felizes em falar sobre mim como se eu não estivesse ali.

A maior parte dos assuntos era familiar.
Gracejos, saúde da família, o número surpreendente de gatos de rua do lado de fora do nosso hotel.

Eu não estava esperando grandes revelações.
Eu e minha mãe nos falávamos por telefone quase todos os dias.
Já havia contado para ela tudo que havia para saber sobre Byron.
Eu e Byron conversávamos sobre minha mãe com a mesma frequência, se não mais.

Não é que preferíssemos manter os segredos de família às claras, mas nossa postura em relação a informações pessoais não era tão séria.

A conversa ia e voltava.
Inglês, português.
Português, inglês.
Uma partida amigável de pingue-pongue verbal.
Embora tenha sido um jogo levemente desequilibrado, em que um dos jogadores não sabia que estava em andamento algo muito mais importante.

Como espectadora e árbitra, eu tive dificuldade para manter a cara séria enquanto Juceli habilmente levava Byron a revelar suas intenções.
Uma aula magistral de sutileza e foco.

Quando Byron confessou que pretendia se casar, engoli meu rosé com o máximo de dignidade que consegui reunir.
Então, quando ele disse que queria ter quatro filhos, meu útero se contraiu involuntariamente, e um pouquinho de vinho saiu pelo meu nariz.

Juceli apenas acenou com a cabeça, sorriu e perguntou sobre os pais dele.
Sua abordagem angelical era sempre a mesma.
Qelbes sorriu.
Ele havia sido vítima do charme calculado de Juceli tantas vezes que era praticamente impossível esconder sua satisfação ao ver os outros indefesos diante dos encantos dela.

Em dado momento, minha mãe mandou os homens embora em uma urgente e demorada missão de pouca importância.

Havia assuntos femininos a serem tratados.

Quando ficamos a sós, ela começou com um papo sobre o tempo que fazia, a altura de Byron e como ela se sentia pequena ao lado dele.
Eu ainda estava me recuperando da bomba sobre casamento que acabara de cair no meu colo, mas conhecia minha mãe muito bem.

– É, mãe... está quente, ele é alto, você é baixa. Agora fala logo o que você quer falar – exigi.

Dessa vez, quando ela sorriu, vi todos os seus dentes.

– O Byron vai te pedir em casamento – anunciou ela, erguendo a taça em um brinde a si mesma.
Respondi com um bufo alto e desdenhoso.
Mais vinho saiu junto por acidente.
Minha mãe me passou um lenço de papel.

– Não. Isso é loucura... estamos juntos há quanto tempo, onze meses? – perguntei.
– Quase um ano – respondeu ela. – Ele vai te pedir em casamento e vai fazer isso aqui. Na Grécia!

Balancei a cabeça e revirei os olhos.
Mas minha mãe também me conhecia muito bem.
Ela apenas sorriu para mim até eu não conseguir mais me conter.

– Tá bem. Eu vinha pensando a mesma coisa – confessei –, mas tinha muito medo de admitir, caso estivesse... – Fiz uma pausa, hesitante. – Errada.

Respirei fundo.
– O Byron vai me pedir em casamento!

Rimos, nos abraçamos e gritamos tão alto que um exército de gatos de rua abaixou as orelhas e pombos saíram voando alarmados por toda Santorini.

◇

Daquele momento em diante, minha mãe se certificou de que seu cabelo e sua maquiagem estivessem perfeitos o tempo todo, mesmo durante o sono. Caso fosse necessário registrar um acontecimento especial com um retrato oficial da família.

◇

Mas não houve pedido de casamento na Grécia.

Sempre que Byron olhava para a vitrine de uma joalheria, eu e minha mãe ficávamos tensas de entusiasmo.

Lamentavelmente, isso aconteceu muitas vezes.

Byron já tinha dito que queria comprar um Rolex isento de impostos.
Mas repensou várias vezes a compra com base no fato de termos acabado de comprar uma casa nova e de que o mais prudente, se não obrigatório, era gastar com responsabilidade.

Ao nos despedirmos no Aeroporto Internacional de Atenas, minha mãe me consolou.
Ela argumentou que o admirável controle financeiro que fizera Byron não comprar um relógio de luxo havia, da mesma forma, feito com que ele adiasse a compra de um solitário digno do meu amor.
De acordo com a lógica da minha mãe, o adiamento só fazia do noivado algo mais garantido.
Mais magnífico.

◇

Mas também, no final daquele ano, quando eu e Byron nos juntamos a Juceli e Qelbes para o Natal em Caxias do Sul, não houve pedido de casamento.

Nem na Bahia, quando participamos do mais espetacular Ano-Novo na praia de Taípe.

– Não se preocupe, Lini – disse minha mãe, que ainda estava pronta para a foto. – Quando chegar a hora certa, vai acontecer. Eu sei disso. Eu sinto.

Eu também sentia.

Seis meses depois, eu tinha a sensação de que algo muito sério iria acontecer.

1.

O momento parecia perfeito.

Estávamos de volta à Europa.
Mais apaixonados do que nunca.
Byron havia se tornado tio pela primeira vez.

Casamento e filhos eram assuntos recorrentes nas conversas.

Eu estava ansiosa por uma mudança.
Estava pronta.

Além disso, todo o meu trabalho árduo estava valendo a pena.
A No Saints estava indo bem, tomando forma.
Havia encontrado consultores de negócios e investidores, ansiosos para ajudar.
Eu e Byron concordamos que era hora de deixar meu emprego e me dedicar à minha empresa.

Já havia reservado um estande na Vegan Fashion Week, em Los Angeles, para expor minha primeira coleção de calçados.
A irmã de Byron, Jackie, morava lá e me convidou para ficar na casa dela.

Aquilo estava mesmo acontecendo.
Tudo aquilo.

◊

Voamos para Londres a fim de conhecer Loulou, a filha ainda bebê do irmão de Byron, Andrew, e sua esposa, Sara.

Loulou era perfeita em todos os sentidos.
Pele macia, olhos brilhantes.
Cabelos finos e dourados feitos de algodão-doce e luar.

Ainda assim, eu achava a ideia de quatro mini-humanos crescendo dentro de mim e saindo violentamente do meu corpo um pouco assustadora.
Mas naquele momento a palavra "não" desapareceu do meu vocabulário.
Cada célula do meu corpo estava apaixonada por aquela preciosa garotinha.
Eu não queria devolvê-la.

◇

Depois de nos deliciarmos com a bebê na Inglaterra, eu e Byron nos encontramos em Dubrovnik com JP e sua linda namorada sul-africana, Emma.

JP parecia tão feliz.
Confessou a Byron e a mim que finalmente havia encontrado "a mulher certa".

O amor estava no ar.
Nossas estrelas estavam se alinhando.

💍

Depois da Croácia, eu e Byron passamos alguns dias maravilhosos em Budapeste, antes de aterrissarmos na Espanha.
Um grupo de amigos brasileiros divertidos que havíamos conhecido em Trancoso durante a comemoração do Ano-Novo nos esperava em Ibiza.

A capital mundial das festas de música eletrônica.

Ia ser incrível.

Mas, primeiro, eu e Byron fizemos uma escala de 24 horas na minha cidade europeia favorita, Barcelona.

"Barna" tem muitas coisas incríveis.
Suas galerias de arte, sua arquitetura e sua culinária causam inveja ao restante do mundo.
A maneira como a luz quente das Baleares acentua as lajotas da calçada com seu emblemático motivo floral.

Eu disse a Byron mais de uma vez que poderia morar ali.
E estava falando sério.
Nenhum de nós falava catalão ou espanhol, mas meu portunhol truncado nos ajudaria a sobreviver.

Uma cidade tão bonita.
Tão romântica.
Estava tão feliz por estar lá com o homem que eu amava.

◇

Um recado estranho nos aguardava no hotel.
Era da minha tia Jane.
No dia seguinte seria o aniversário de seu filho, meu querido primo Alexandre, que havia falecido cinco anos antes.

Eu e Alexandre éramos muito próximos na infância.
Passávamos todos os verões brincando juntos na praia em Florianópolis.
Adorávamos livros e tínhamos o mesmo senso de humor estranho.

Havíamos perdido contato quando fomos para faculdades diferentes em cidades diferentes.
Eu tinha estudado engenharia, enquanto meu primo estudara medicina e se tornara médico, assim como a mãe.

Alexandre era um jovem extraordinário, amado e respeitado por todos que o conheciam.
Ele se especializara em psiquiatria e dedicava a vida a ajudar crianças em situação de risco e pessoas desabrigadas em São Paulo.

Então, um dia, Alexandre estava voltando de carro a Florianópolis para o Carnaval, junto com a esposa e dois colegas.
Era uma viagem longa, com pelo menos dez horas de estrada, e sua mãe havia implorado que ele fosse de avião.

Eles estavam quase chegando em Florianópolis quando um cachorro atravessou a estrada correndo bem na frente do carro deles.
Alexandre desviou instintivamente para não atropelar o cachorro apavorado.
Perdeu o controle do carro, os pneus derraparam.
O carro bateu na mureta da rodovia e capotou.
Ninguém se feriu, exceto meu primo, que morreu na hora.

Altruísta até o fim, o último ato de Alexandre foi salvar a vida de um cãozinho.

Minha tia era muito próxima do filho.
E a profunda conexão entre eles não terminou com sua morte.
Ela me procurou naquele dia porque queria que eu soubesse que Alexandre tinha acabado de visitá-la em um sonho.
Ele ficava chamando meu nome.

Sem parar.
Estava desesperado para que ela me avisasse de algo, ou cuidasse de mim, ou ambos.
Não havia ficado claro.

O que ficou claro era que o fantasma de Alexandre acreditava que eu estava em grande perigo.

◇

Nossa última manhã em Barcelona foi agitada.

Levantamos assim que o sol nasceu e fomos para a rua.
Primeiro, encontramos um parque pequeno e bonito perto da água e fizemos um exercício leve para acordar nosso corpo preguiçoso em férias.

Byron me provocou enquanto eu fazia prancha, tentando arrancar de mim uma risada para que ele pudesse gravar um vídeo engraçado de mim caindo de cara no chão.
Não lhe dei esse prazer.

Uma ducha rápida no hotel.
Pus um vestido preto e branco de algodão.
Em seguida, juntamos uma pilha de roupas sujas de duas semanas e a deixamos em uma lavanderia a alguns quarteirões de distância.
Eles prometeram lavar tudo a tempo de fazermos as malas para nosso voo à tarde rumo a Ibiza.

Eram nove e meia da manhã e estávamos morrendo de fome.
Nosso hotel ficava em La Barceloneta, mas eu conhecia um café excelente entre El Born e o Bairro Gótico.
Não era fácil percorrer o belo labirinto de vielas de pedra, ruazinhas medievais e praças escondidas.

Mas, quando paramos em um cruzamento de pedestres na movimentada Via Laietana, senti que a hora de comer estava perto.

◇

Havia começado uma briga perto da orla; um desentendimento violento entre turistas e locais, talvez torcedores de times de futebol rivais.
Quem sabe?
A briga foi séria o suficiente para que alguém chamasse a polícia, e uma viatura da Mossos d'Esquadra já estava indo para lá.
A toda velocidade.

Estranhamente, a sirene da viatura estava desligada.
Apenas as luzes piscantes estavam ligadas.
Quase invisíveis ao sol da manhã.

◇

O semáforo de pedestres da Via Laietana ficou verde.
Fui na direção da rua vazia.
Pé esquerdo.
Pé direito.
Pé...

Byron gritou meu nome.
Tentou me puxar de volta.
Mas era tarde demais.

A viatura já havia me atingido.

0.

Rápida como um predador.
Silenciosa.
Uma baleia assassina em uma coroa de luzes, surgindo do abismo.
Eu estava em suas mandíbulas de aço antes mesmo de me dar conta de sua presença.

Meus ossos foram torcidos e esmagados enquanto meu corpo era dobrado e quebrado sobre o capô deformado da viatura.

Minha cabeça transformou o para-brisa em uma nuvem de diamantes.

O corpo que um dia foi meu se descolou da terra.
Um frisbee de carne e osso lançado treze metros no ar.

O terrível ruído úmido de um forte impacto.
De uma cabeça no meio-fio de concreto.

Caí de costas, fraturada e me contorcendo até ficar imóvel, como um inseto ferido.

Pulmões cheios de sangue, arfando.
Pulsação instável.
Meu crânio despedaçado e meu cérebro arrebentado derramando todos os sonhos que já tive na calçada aquecida pelo sol.

◇

Eu não conseguia ouvir Byron gritando "Não, não, não, não!".

Não conseguia vê-lo correndo, cambaleando.
Caindo ao meu lado.
A multidão de espectadores recuando horrorizada.

Byron tentou estancar o sangramento. Não conseguiu.
Sua camiseta branca virou um curativo encharcado de sangue.
Ele tinha medo de me mover, mas mesmo assim inclinou minha cabeça com cuidado para que eu não me afogasse com o sangue na boca.
Byron se levantou e gritou para os dois policiais atordoados, meus carrascos uniformizados, que se aproximaram, claramente atormentados.
Pediu, implorou que chamassem uma ambulância. Que fizessem alguma coisa, qualquer coisa, para me ajudar.
Então, percebendo que estava totalmente impotente diante dos meus graves ferimentos, ele se sentou ao meu lado.
Tremendo e chorando até a chegada da ambulância.

◇

Estranhos atenciosos se aproximaram para entregar silenciosamente a Byron minhas sandálias Birkenstock brancas e meu celular, que o impacto havia arremessado muito longe em direções opostas.

Ninguém encontrou meus óculos de sol nem qualquer evidência de que eles tivessem existido.

Os socorristas apareceram e assumiram o controle da situação.
Byron estava em choque, mas precisava sair do caminho.
Ele se levantou cambaleante.
Pingando meu sangue e meu líquido cefalorraquidiano.

Deram-lhe uma toalha para se sentar em cima, na frente da ambulância.

Meu vestido foi cortado, e eu fui cuidadosamente retirada da rua, transferida para uma maca e trancada no interior da ambulância.
Cada segundo era importante, mas eles não podiam ir a lugar algum até que

eu fosse estabilizada.
Nada parecia dar certo.

Eu estava morrendo.

Sem outra opção, eles me induziram ao coma e me levaram às pressas para o hospital mais próximo.

◇

Velocidade desagradável.

Médicos e enfermeiros carrancudos se juntaram aos socorristas enquanto eu era levada a galope para a emergência e ligada a aparelhos.

Byron foi proibido de passar pelas portas duplas, e o mandaram esperar no andar de baixo.
Ele estava sem camisa e, de alguma forma, havia perdido os sapatos.
Uma enfermeira de plantão, ao ver um homem seminu e angustiado, coberto de sangue e fluidos, pediu ajuda a um médico para avaliar seus ferimentos.

Depois que viram que Byron estava bem e confirmaram sua identidade, entregaram-lhe uma camiseta laranja tamanho infantil, apesar de seus dois metros de altura; em seguida, foi conduzido a uma pequena sala onde foi cercado por policiais intimidadores.
Eles o pressionaram a assinar documentos legais escritos em espanhol.
Ele se negou.

Desesperado por algum tipo de apoio, Byron telefonou para os pais na Austrália, na esperança de ser tranquilizado, o que ninguém tinha sido capaz de fazer.
Embeth e Mattys ofereceram a Byron o pouco consolo que podiam e, ao mesmo tempo, o prepararam para o pior.
Em seguida, encarregaram-se de enviar reforços.

Andrew, o irmão de Byron que morava em Londres, e Jackie, a irmã de Los Angeles, foram convocados à Espanha.

Byron teve a sensibilidade de enviar uma mensagem para Juceli em vez de telefonar.
Ainda era cedo no Brasil. Muito cedo.
Além disso, ele estava emocionalmente abalado e mal conseguia manter o controle.
Ele não queria deixar minha mãe em pânico.

Ela entrou em pânico mesmo assim.

Juceli ligou imediatamente, primeiro para o meu celular e depois para o de Byron.
Com um nó na garganta, Byron não conseguiu explicar de forma simples, em inglês, o que havia acontecido com a única filha de uma mãe falante de língua portuguesa, desesperada, em outro fuso horário, que tinha acabado de ser despertada por uma mensagem urgente, torcendo para que fossem notícias de um pedido de casamento.

Byron ligou para Grace, em Sydney, conectou-a à chamada e pediu que ela traduzisse tudo que ele dissesse.

Minha mãe fez as malas no escuro e dirigiu até o aeroporto.

1.

Um coma tem dois cômodos.

O primeiro é uma cela acolchoada no ventre do esquecimento.
Uma masmorra onde é eternamente noite aos olhos da mente.
Nada entra. Nada sai.
A memória e o tempo não existem aqui.
A verdadeira prisão.

O segundo é muito mais estranho.
Um lugar de fome e sombras.
As paredes são porosas, e cada perfuração é uma boca minúscula, que se alimenta de fragmentos de luz e ruídos, sensível ao cheiro e ao toque.
Seu antigo eu animal está acorrentado lá, rosnando, uivando, vomitando comandos incoerentes para seu corpo.
Gritando de dor.

2.

Minha mãe chegou ao hospital quando eu estava sendo levada para minha primeira cirurgia no cérebro.

Bem a tempo de receber a notícia de que sua filha iria morrer.

Meu ferimento na cabeça era grave.
Na escala de coma de Glasgow, que vai de três a quinze — sendo quinze a

função cerebral normal ou quase normal; oito ou menos, coma profundo; e três, morte cerebral —, eu estava em cinco.
Recebi dois pontos extras porque uma das minhas pupilas reagia levemente à luz e ao ruído.

Um grão de areia que fazia a balança pender entre a vida e a morte.

Eu havia sofrido uma lesão axonal difusa de grau três.
Minha cabeça bateu no para-brisa da viatura com tanta força que meu cérebro quase se partiu ao meio.

Um terço do meu crânio foi removido e colocado em um banco de tecidos refrigerado para ser preservado.
Assim como meu braço e meu ombro esmagados, meu crânio só poderia ser reparado cirurgicamente se o edema cerebral diminuísse, se a pressão intracraniana baixasse a um nível seguro e se a hemorragia interna estivesse estancada... e eu ainda não estivesse morta.

Os médicos disseram que eu tinha 5% de chance de sobreviver.
E se de alguma forma, por um milagre médico ou a graça de Deus, eu sobrevivesse, permaneceria em "estado vegetativo permanente".

Cega. Surda. Muda.
Sem olfato ou paladar.
Sem poder usar os braços ou andar.

Minha mãe aguentou todo o peso disso.

A notícia a destruiu por dentro, e ela chorou e chorou, sem vergonha.

Mas ela ainda estava de pé e não iria desistir de mim.

Informou à equipe médica que a filha era vegana e que as refeições teriam que respeitar minha opção.

Depois, ficou ao meu lado na cama por seis meses e quinze dias.

3.

Eu estava envolta em curativos encharcados de sangue e ligada a tubos e fios, absurdamente inchada e deformada pela tragédia que havia sofrido.

Completamente desfigurada por ferimentos dolorosos, mas que não colocavam mais minha vida em risco.
Hematomas graves, inúmeros cortes e arranhões, uma maçã do rosto fraturada, o olho direito torto.
As unhas e as pontas dos dedos dos pés esmigalhados por causa da velocidade com que fui lançada no asfalto.

O nome no meu prontuário médico dizia Caroline.
Mas aquela não era eu.
Era algo parecido comigo, vermelho e roxo, horrivelmente inflado e pingando, esculpido em fígado picado e argila.

Um encontro de Botero e Hieronymus Bosch.

◇

A UTI foi meu lar.
Meu mundo inteiro.
Por um mês e um dia.

Máquinas vigilantes e uma equipe médica atenciosa garantiram que eu permanecesse viva, pelo menos tecnicamente.
Não totalmente.

Meu corpo estava amarrado à cama.

Uma última tentativa de me prender ao reino dos mortais.

O resto de mim caminhava na corda bamba entre esta dimensão e a próxima.

4.

O cérebro humano é uma contradição palpitante.

Frágil e robusto. Quebradiço, mas mole e elástico.
Uma bateria eletroquímica simples de dar dó e uma constelação impossivelmente complexa e maravilhosa de cento e oitenta bilhões de células entrelaçadas em cem mil quilômetros de vasos sanguíneos.

O cérebro é nosso sistema de suporte à vida.
Um recipiente orgânico pequeno o suficiente para caber no crânio, mas grande o bastante para abrigar uma vida inteira de conhecimento e memórias.
Um poço insondável de emoções, sensações e sentimentos.
Uma máquina que nunca para de processar informações e gerar criatividade.

Nossa mente, o software invisível da consciência, é programada pelo cérebro.
Em tese, o cérebro define quem somos e como enxergamos o mundo.

Sempre que falamos em primeira pessoa, estamos nos referindo ao nosso cérebro.
Ele é tanto a semente luminosa quanto o solo fértil necessários para gerar a imensurável condição de estar vivo e ser humano.

E meu cérebro tinha acabado de ser esmagado por um martelo de duas toneladas.

◇

A cirurgia cerebral é uma área da medicina tão prestigiada que nunca levamos em conta suas limitações até que essa especialidade esotérica se torne uma necessidade absoluta.

Com uma lesão cerebral traumática como a minha, havia pouco que os neurocirurgiões pudessem fazer.
Aliviar a pressão, drenar o sangue e remover alguns coágulos.
Melhorar as condições para que meu cérebro se curasse com o tempo.

Ou não.

O reparo de axônios danificados (as longas e delicadas fibras nervosas que conectam o computador mais sofisticado que já existiu) continua sendo uma tarefa quase impossível.
É como costurar uma água-viva dilacerada com um fio vermelho de tricô.

Desse ponto em diante, tudo dependia da plasticidade inerente ao meu cérebro. A capacidade da minha rede neural de criar novos caminhos ao redor dos nervos danificados e das lesões, de modo que encontrasse uma maneira de receber, processar, armazenar e acessar informações.

Será que minha massa cinzenta arruinada voltaria a se iluminar com pequenas luzinhas ou ficaria no escuro para sempre?
Impossível saber.

E não há maior horror do que o desconhecido.

5.

"Para o bem ou para o mal."
Era isso que eles diziam.
É claro que ninguém nunca revela exatamente quão mal pode ficar.

Ferro enferruja. Ouro derrete. Diamantes lascam e quebram.
A força e a beleza são constantemente testadas nesta vida.
Para o amor, mesmo o amor verdadeiro, todo dia é crucial.

Meu acidente foi um divisor de águas para Byron.
Para seu crédito, ele se manteve firme.

Minha mãe disse que ele fazia tudo que alguém sonha que sua alma gêmea faria, e muito mais.
E ela sabia do que estava falando.

Byron se tornou genro da minha mãe naquele hospital.
Deixando de lado sua própria dor e sua própria angústia, ele me protegeu e ajudou minha família.
Ele e minha mãe se organizaram em turnos para que eu nunca ficasse sozinha.

Nem por um minuto sequer.

Byron cuidou do contato com médicos e enfermeiras, lidou com a investigação policial, contratou advogados, arranjou alguém que falasse português e pudesse oferecer ajuda e companhia para minha mãe.
Providenciou incansável e generosamente todo o necessário para minha recuperação.
Dia e noite.

Byron massageava minhas mãos e meus pés com minha manteiga de cacau favorita.
Trocava até minha fralda suja quando as enfermeiras demoravam.

Amor verdadeiro.

♡

A boa vontade de Byron foi além do hospital.

Seus pais, Mattys e Embeth, e seus dois irmãos, Jackie e Andrew, foram para Barcelona confortá-lo, dar apoio à minha mãe e me oferecer amor e incentivo.

A doce esposa de Andrew, Sara, trouxe um kit de manicure para cortar e lixar minhas unhas, que haviam se transformado em garras enquanto eu jazia inerte, envolta em ataduras.

Os amigos e colegas de Byron de Sydney, Londres e Cingapura deixaram tudo de lado para ir ao hospital e oferecer ajuda.

Os amigos brasileiros que não tínhamos conseguido ver em Ibiza, um dos quais também se chamava Byron, foram até Barcelona para levar ânimo em português, o que deu um grande gás à minha mãe.

Eu não tinha como saber quem estava no quarto e, ainda assim, em algum nível, de alguma forma, eu estava a par deles.
Como um sonho meio esquecido.

Minha mãe falava comigo sem parar.
Me tranquilizando.
Me acalmando.

Durante esse tempo, ela foi uma completa desconhecida para mim, como todo mundo.
E, no entanto, nosso vínculo era tão forte que eu podia sentir sua presença antes mesmo de ela dizer uma palavra.
Desesperada para estar perto dela, mas incapaz de me conectar conscientemente. Incapaz de me lembrar do seu rosto ou dizer seu nome.
Eu me contorcia e gemia na cama, como se estivesse tentando dar à luz o conceito de "minha mãe".

Byron e nossos amigos brasileiros tocavam alto minhas músicas favoritas e até cantavam junto.
"Shooting Stars", de Bag Raiders.
"Innerbloom", de Rüfüs Du Sol.

E, por fim, a favorita absoluta.
"Roses", do The Chainsmokers.
Que Byron tocou três vezes seguidas.

> *Say you'll never let me go.*
> *Diga que você nunca vai me deixar.*

◇

A família e os amigos que estiveram ao meu lado durante esses dias mais sombrios foram, para mim, seres celestiais de luz e amor.

Eu estava totalmente perdida em um mundo de dor e confusão.
Meu único alívio era ouvir as vozes das pessoas que amava.
Sua compaixão e seu ânimo fizeram uma enorme diferença.

Meus sinais vitais melhoraram.
A pressão intracraniana caiu abaixo dos níveis críticos pela primeira vez desde o acidente.

Os aparelhos foram desligados e, para alívio de todos, meu corpo assumiu a frente, sem ajuda.
Por fim, fui levada da UTI para a ala neurocirúrgica no quinto andar.

Finalmente era seguro prosseguir com os demais exames e cirurgias.

◇

Meu progresso foi lento, mas constante.
O sangramento dentro do meu cérebro diminuiu.
O inchaço também.
Meus níveis de líquido cefalorraquidiano estavam bons.

O hemisfério esquerdo do meu cérebro, região responsável principalmente pela fala, por cálculos e solução de problemas, além de controlar todos os movimentos físicos do lado direito do corpo, fora o mais atingido.

Por enquanto, nada no meu lado direito se movia.
Da pálpebra ao dedão do pé, imóvel feito pedra.

Mas os dois hemisférios estavam onde deveriam estar.
Não haviam se deslocado durante o voo de treze metros.
O mais importante era que o tronco encefálico em si parecia intacto.

Não havia garantia de que eu voltaria a falar nem a andar, mas havia um fiapo de esperança.
Meu olho esquerdo se abriu.
Mas por pouco tempo.

Minha mãe sorriu e chorou.

◇

UMA HISTÓRIA ENGRAÇADA

Minha família precisava desbloquear meu iPhone para entrar em contato com meus amigos e colegas.
Também precisava abrir minha mala para pegar roupas, produtos de higiene pessoal e outros itens essenciais.

No entanto, quando tentaram usar o reconhecimento facial, meu iPhone não reconheceu a geometria brutalmente alterada dos meus traços e seguiu bloqueado.

Depois, descobriram que minha mala estava protegida com um cadeado.
Uma precaução que eu sempre tomava ao me hospedar em hotéis, por melhores que fossem.

Ninguém sabia o código do cadeado, exceto eu, e eu estava em coma.

Ao perceber que eu não respondia a perguntas verbais, Qelbes teve uma epifania.
E devo mencionar que minha mãe não estava no quarto quando isso aconteceu.

Qelbes pegou um pedaço grande de papel e escreveu em letras garrafais, todas maiúsculas: "QUAL É A SUA SENHA?".

Em seguida, mostrou o papel para mim e, ansiosamente, estendeu uma caneta, como se eu fosse ler sua pergunta e escrever a resposta logo abaixo.

Em vez disso, fiquei ali deitada, com os olhos de boneca, sem reação, feito massa de farinha.
A equipe do hospital revirou os olhos e deu risadinhas.

Só Qelbes era capaz de fazer todo mundo rir em circunstâncias como essas.

◇

Um mês depois, fui transferida para o prestigiado Instituto Guttmann.
Todo mundo ficou contente.

Até que tudo deu errado.

6.

Às seis e meia da manhã, depois da primeira noite no meu novo quarto no Guttmann, minha mãe encontrou meu travesseiro encharcado de sangue e secreção.

Um médico examinou minha cabeça e descobriu que as suturas estavam deixando vazar um fluido.

Amostras foram coletadas.
A ferida foi limpa e coberta novamente.

Às seis e meia da manhã do dia seguinte, assim que a deixaram entrar novamente, minha mãe correu para o meu quarto para ver como eu estava.

Meu travesseiro estava encharcado, escorregadio e pegajoso de sangue.

O médico veio novamente e, dessa vez, estava tão preocupado que pediu à minha mãe que esperasse do lado de fora.
Em seguida, fechou a porta para falar em particular com o neurocirurgião-chefe.

As amostras que coletaram de mim haviam dado positivo para uma infecção.
Um cenário de pesadelo.
Uma ambulância me levou de volta para a UTI do hospital.

A bactéria em meu ferimento foi identificada.
No entanto, a tomografia foi inconclusiva.

A infecção podia ser superficial, estar somente na pele.
Mas se já tivesse penetrado meu cérebro seria o fim.

EXAUSTÃO MENTAL

Todo mundo precisa de um anjo da guarda.
Eu tinha minha mãe.

Ela observava cada pessoa que passava pela porta do meu quarto no hospital.
A maioria vinha cheia de amor e esperança.
Havia quatro enfermeiros em particular — Maribel, Christina, Maria e Bárbaro — cuja bondade não conhecia limites.
Seu carinho e sua consideração melhoravam o dia de cada um com quem entravam em contato.
Flores desabrochavam em seu rastro.

Mas também havia outros cuja segunda natureza era uma certa crueldade sutil.

O major dos Mossos d'Esquadra, chefe de polícia de Barcelona, chegou sem avisar para me ver e prestar sua solidariedade à minha mãe.
Em vez de pedir desculpas, informou a ela que seus policiais, os homens que haviam quebrado sua preciosa filha e esmagado seu crânio, estavam em choque. Traumatizados.
Ele então fez uma pausa, como se estivesse esperando um pedido de desculpas dela.

Foi uma maneira estranha de expressar remorso.
Minha mãe respondeu com um sofrido olhar de espanto.

Um dia à tarde, uma enfermeira muito jovem administrou acidentalmente o dobro da dose prescrita de analgésicos.
Para minha sorte, minha mãe estava observando atentamente e viu meu corpo ficar imóvel, a urina parar de pingar na bolsa coletora e minha dificuldade de respirar. Em seguida, minha pressão arterial despencou.
Gritando por ajuda, minha mãe explicou o que havia acontecido, mas a enfermeira, em vez de admitir seu erro, negou que havia me dado qualquer medicação.
Os médicos foram chamados e logo perceberam que minha mãe estava dizendo a verdade e injetaram adrenalina para minha pressão arterial voltar ao normal.

Depois que minha cabeça foi raspada para uma cirurgia de emergência, após a descoberta da infecção com risco de morte, uma cirurgiã irritada exigiu que minha mãe assinasse alguns formulários.
Os documentos autorizavam que meu crânio fosse reaberto e que fosse retirada pele da minha coxa, caso fosse necessário um enxerto para fechar a grande incisão na minha cabeça.
Minha pobre mãe, assustada, exausta e buscando algum apoio, perguntou se aquela cirurgia era mesmo necessária.
Para seu horror, a cirurgiã fez uma mímica como se rasgasse os formulários e respondeu que ficaria feliz em jogar fora toda a papelada e me deixar morrer se minha mãe preferisse assim — a escolha era dela.

Mais tarde, essa mesma cirurgiã ficou furiosa quando me encontrou sentada no sofá, em vez de em uma cadeira de rodas.

Ela claramente tinha problemas.

Não cabe a mim julgar essas pessoas.
Só podemos imaginar o trauma a que foram repetidamente submetidas para acharem que era preferível se fazerem de vítimas a pedir desculpas, que era melhor mentir e arriscar a vida de um paciente do que assumir responsabilidade, que era mais fácil ferir os outros do que ser gentil.

Só consigo pensar em como sou sortuda por ter uma mãe bondosa e preparada para ser minha protetora.
Meu dedicado escudo humano.

◇

Fui retirada da sala de cirurgia às cinco da manhã.
Minha mãe estava me esperando, na esperança de boas notícias.

A infecção tinha sido contida com sucesso, antes de atingir meu cérebro.
Eu teria de permanecer no hospital por mais quarenta e cinco dias, e tomaria uma grande quantidade de antibióticos.

O pesadelo havia terminado, por enquanto.

Enquanto eu dormia como pedra na sala de recuperação, minha mãe foi à capela do hospital orar e acender uma vela para mim.
Ela não dava nada por garantido.

7.

A Espanha queria que eu fosse embora.

Meu visto de turista de três meses expirou enquanto eu estava em coma.

A cobertura da imprensa internacional sobre o acidente e o constrangimento que isso causara em Barcelona significavam que ninguém no governo me faria nenhum favor.

O fato de eu estar acamada, não poder me mover nem falar, não ter metade do crânio, estar com o lado direito do corpo paralisado, o ombro e o braço esquerdos estilhaçados e ser alimentada por sonda aparentemente não justificava nenhuma deliberação especial.

Eu era tratada como se tivesse, de alguma maneira, insultado a honra da Espanha.
Minha mera existência, para todos os efeitos, era considerada ilegal.
Outra flecha no coração da minha mãe.

Houve muito pânico e muita súplica para garantir a prorrogação do visto.
O Ministério do Interior exigiu inúmeros documentos, inclusive extratos bancários e minha certidão de nascimento original.
Minha mãe, Qelbes, a tia Jane e Byron estavam comigo em Barcelona nessa época, então não foi nada fácil buscar esses documentos em Sydney ou em Caxias do Sul.

Grace ajudou a traduzir documentos importantes em Sydney para nós, mas no fim, embora tenha lhe custado milhares de dólares, minha tia Cátia reuniu todos os documentos originais do Brasil e os levou pessoalmente até lá.

No fim das contas, meu visto de turista acabou sendo prorrogado, e ninguém do governo espanhol tentou me jogar no Mediterrâneo.
Pequenas vitórias.

◇

Minha mãe teve permissão para permanecer como minha principal cuidadora, mas, infelizmente, essa cortesia não foi estendida a Byron nem a Qelbes.

Eles foram obrigados a deixar a Espanha por pelo menos trinta dias antes de poderem voltar ao país.

Minha querida mãe estava sozinha outra vez.
Continuou lutando pela filha, que não a reconhecia nem tinha noção dos enormes sacrifícios que ela estava fazendo.

8.

A aspereza dos lençóis brancos e duros do hospital contra minha pele.
Os gemidos e uivos constantes de pessoas feridas gritando de dor, de medo.

Linho e canto de baleia.

Eu não entendia os estranhos ruídos na enfermaria.
Os ruídos que emanavam da minha própria garganta.

Quando outro paciente berrava ou gritava, minha resposta automática era rir desvairadamente.
Um chimpanzé sob efeito de ácido.

Eu quis muito acreditar que a equipe descobrira um jeito de abafar essa trilha sonora de manicômio.
Só consigo imaginar como isso deve ter sido profundamente perturbador para minha mãe e para os entes queridos dos outros pacientes.

◇

Vitórias e derrotas.

Byron telefonava todos os dias enquanto estávamos separados.
Suas ligações trouxeram alívio à minha mãe, bem como a mim.
Minha mãe ajudava a pôr o telefone na minha mão esquerda e na minha orelha esquerda enquanto minha cabeça balançava de um lado para o outro.
Eu não entendia uma única palavra de Byron, mas sua voz me acalmava.

Finalmente, fiquei estável o bastante para que meu braço quebrado fosse operado.
Mas o úmero só poderia ser reconstruído até certo ponto.

Agora eu tinha um ombro de titânio.

Inconsciente, semiconsciente, reagi com violência à dor lancinante.
Meu braço esquerdo reparado estava preso ao meu lado, mas comecei a sacudir e a bater o braço direito paralisado na estrutura de aço da cama, como uma ave de rapina matando uma cobra.

A equipe médica temeu que eu me machucasse ainda mais.
Então, eles me prenderam em um colete de restrição, que eu odiei com todas as minhas forças.

Uma cirurgiã injetou botox no meu braço direito para amenizar a dor, relaxar os músculos e proteger os nervos.

A dose de botox que ela injetou foi tão alta que meu braço direito ficou mole semanas a fio, mesmo depois que a sensibilidade voltou.
Eu não conseguia usar nenhum dos braços naquele momento, o que era assustador e irritante; além disso, atrasava minha recuperação.

A sonda nasogástrica foi removida. O tubo da traqueostomia também.
Foi libertador. E angustiante.
Um doutor mágico tirando lenços de seda da minha garganta.

Pela primeira vez em meses, eu podia comer como uma pessoa normal.
Mas comer não era mais algo costumeiro para mim.
Minha mandíbula, minha boca e minha língua não colaboraram.
Mesmo com ajuda, tinha dificuldade para mastigar, engolir e respirar.
Se o alimento deslizasse pela minha traqueia, havia um risco real de eu engasgar ou desenvolver uma infecção pulmonar.

Por um tempo, eu me recusei a comer.

Era esquisito. Assustador. Desnecessário.
Perdi ainda mais peso.
Fiquei anêmica.

Então meus médicos pediram uma gastrostomia endoscópica percutânea (GEP).
Um tubo de alimentação flexível foi introduzido por meio de uma incisão na parede abdominal, permitindo que os alimentos e, no meu caso, os medicamentos fossem administrados diretamente no meu estômago.

Sofri com a GEP em todas as refeições e tentei impedir que as pessoas pusessem qualquer medicamento nela.
Aquilo, em algum nível, violava meu senso de controle.

◇

Aos poucos, fui recuperando a sensibilidade do meu lado direito.
Ambas as pálpebras estavam se abrindo agora, embora nem sempre ao mesmo tempo.

Eu não estava cega. Mas não entendia muito bem o que via.
Não estava dormindo. Mas também não estava acordada.

Não me lembrava de nada.
Não reconhecia ninguém.

Não estava surda.
Conseguia ouvir... sons.
Mas palavras, música e barulho de comadres batendo uma na outra, era tudo igual para mim.

Tentei falar.
Bem fraco. Mais ar do que voz.
Lábios mal se movendo, mas não imóveis.
Sussurros intermináveis.

Ninguém prestava muita atenção aos meus murmúrios repetitivos até minha tia perceber que eu estava falando palavras, palavras de verdade.
Mas Cátia, que só falava português, não conseguia entendê-las.

Ela fez uma chamada de vídeo para minha mãe, que ouviu atentamente.
Seus olhos se arregalaram.
Minha mãe confirmou o palpite de Cátia com um curto meneio de cabeça.
— A Caroline está falando inglês — disse ela. — Está repetindo duas palavras, as mesmas duas palavras, várias e várias vezes.

Eu recitava aos murmúrios minha única lembrança do acidente.
Uma imagem indelével, gravada em uma mente embaralhada.
O exato momento em que minha cabeça explodiu.
— *Broken glass*. Vidro quebrado. Vidro quebrado. Vidro quebrado. Vidro quebrado. Vidro quebrado. Vidro quebrado...

◇   Vidro quebrado.
    ◇   Vidro quebrado.
Vidro quebrado.   Vidro quebrado.   ◇
◇   Vidro quebrado.   ◇   Vidro quebrado.
◇   Vidro quebrado.   ◇
Vidro quebrado.   ◇
Vidro quebrado.   ◇
Vidro quebrado.   ◇
◇   Vidro quebrado.
Vidro quebrado.   ◇
◇   Vidro quebrado.
◇   Vidro quebrado.   ◇

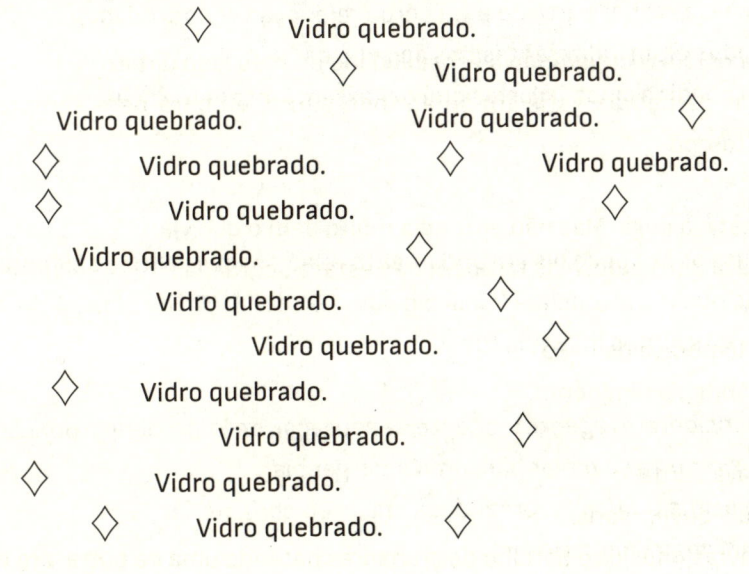

Minha mãe logo se deu conta de que eu estava revivendo o horror uma vez atrás da outra.
Não havia nada que ela pudesse fazer para me libertar.

Ela ficou inconsolável.

9.

Tudo doía.

No Instituto Guttmann, pude finalmente começar a reabilitação física.
Cada parte do meu corpo parecia estranha para mim.

Aprendi a movimentar a língua.
O rosto. Os lábios.
Os braços e as pernas.
Os pés e os dedos dos pés.

Nada era simples ou fácil.
Até mesmo a menor parte do meu corpo rejeitava ser controlada.
Meus dedos eram indiferentes uns aos outros.
Era como pedir a cinco lagartas que pegassem juntas uma colher.

◇

Havia duas ações policiais em andamento relacionadas ao meu acidente.
O agente que me atropelara foi alvo de uma investigação interna da Unidade de Ética e Assuntos Internos (Ueai).

A Ueai considerou o agente inocente da acusação de imprudência por não ter ligado a sirene ao se dirigir para uma emergência.
A sirene é uma prática recomendada, mas não obrigatória.
Ele não infringira nenhuma lei.

A justificativa para isso chegava quase a ser engraçada.
Os moradores e donos de negócios de Barcelona vinham reclamando do barulho excessivo das sirenes da polícia.
Resultado: os policiais pararam de usar as sirenes na maioria das situações, colaborando para uma cidade mais silenciosa, embora mais perigosa.

A ironia era que eu tinha sido gravemente ferida porque os policiais corriam para impedir uma briga, para evitar que pessoas machucassem umas às outras.

Por outro lado, a Ueai concluiu que o agente fora imprudente ao dirigir em alta velocidade sem levar em consideração a segurança pública, e ele foi suspenso por um ano, sem direito a remuneração.

O policial que me atingiu poderia estar de volta ao volante de uma viatura antes que eu reaprendesse a andar e falar novamente.

Mas isso foi apenas o que nos informaram.
A investigação e a audiência disciplinar da Ueai foram realizadas internamente.

A portas fechadas.

Talvez jamais saibamos se a justiça foi feita.

◇

Ao mesmo tempo, a Unidade de Prevenção e Investigação de Acidentes da Guarda Urbana (Upia) estava investigando a causa do acidente em si.

O caso foi aberto e, logo depois, arquivado.

O relato de Byron foi confirmado por cinco testemunhas, pelos dois jovens policiais na viatura em alta velocidade e pelas várias câmeras de trânsito.

A Upia investiga qualquer acidente na cidade de Barcelona envolvendo um veículo motorizado que resulte em ferimentos ou mortes.
São, em média, dez mil por ano.

A investigação oficial foi iniciada enquanto eu sangrava na calçada.

A policial Ágata, agente da Upia, estava em casa quando eu fui atingida, aproveitando seu dia de folga.

Ela viu meu acidente no noticiário noturno.
Na manhã seguinte, os agentes da Upia designados para minha investigação pediram a ajuda dela.

Ágata morara em Boston por anos e, como era a única da Upia que falava inglês, eles precisavam que ela explicasse a Byron quais eram os direitos dele, quais eram os meus direitos, como o departamento daria apoio a ele e à minha família e como a investigação formal prosseguiria.

Quando Ágata conheceu Byron, viu como ele estava arrasado, confuso e sobrecarregado.
Ele também era (compreensivelmente) bastante desconfiado de policiais que investigavam policiais.

Ágata fez o possível para ajudar Byron a entender o que estava acontecendo e explicar a reputação de rigorosa e transparente da Upia, conquistada com muito esforço.
Ela prometeu que a investigação seria rápida e eficaz.

Então, ao me ver deitada no leito da UTI, uma peça se encaixou dentro dela.

Fez-se uma conexão.

◇

A agente Ágata tem quase exatamente a minha altura e o meu peso, longos cabelos escuros e olhos verdes.
Temos uma diferença de idade de nove anos, mas nossa semelhança é de cair o queixo.
Poderíamos ser irmãs.

Quando tinha 8 anos, Ágata foi atropelada por um carro.

Sua mãe havia lhe dado dinheiro para ir à loja do outro lado da rua comprar doces para seu irmão de 4 anos.

A mãe e o irmão esperavam por ela na calçada do outro lado, quando ela atravessou a rua de volta.

Ela sorria de orelha a orelha.
Doces apertados com força no punho minúsculo, moedas no outro.
Os passos leves e o sorriso radiante de uma missão bem-sucedida.

Ágata não olhou para os dois lados antes de atravessar.
Se a mãe gritou, ela não ouviu.
Seu pequeno corpo entrou no caminho de um sedã.

O motorista achou que tinha atropelado um cachorro.

A base do crânio de Ágata foi fraturada.
Seu cérebro ficou inchado.
Braço e clavícula quebrados.

Ela passou um mês na UTI e um ano no hospital.
Com o tempo, ficou bem e seguiu o sonho de viajar pelo mundo.
Dezenove anos depois, tornou-se policial, e investigava acidentes de trânsito.

As tarefas oficiais de Ágata foram cumpridas em uma única visita.
Mas ela sentiu dó de Byron, sozinho, afogado em sofrimento.
E quando olhou para mim, soube que eu era a personificação do seu propósito.

Ela deu a Byron e à minha mãe seu número pessoal, caso precisassem de ajuda, e prometeu que voltaria a me visitar.

Durante o tempo em que fiquei internada na Espanha, em três instituições diferentes, Ágata me visitou mais de oitenta vezes.

◇

Numa tarde, no Instituto Guttmann, depois de passado o susto da infecção, Ágata foi me ver, como fazia algumas vezes por semana.

Meus olhos estavam abertos, mas minha mente se ausentara.
Meu corpo estava imóvel.

Depois de bater papo com minha mãe e Byron, e desejar felicidades a todos nós, Ágata se virou para ir embora.
Na porta, ela instintivamente se virou para trás e me deu um rápido aceno de despedida.
Eu acenei de volta.

Todos ficaram boquiabertos.

Aquela era a primeira vez que eu respondia a um gesto de comunicação não verbal.

◇

Aos fins de semana, minha mãe me tirava daquela prisão de roupas de baixo descartáveis.

Ela alugava uma van com acesso para cadeira de rodas e me levava a restaurantes e shoppings.
Uma mudança de ares muito necessária.

Não deve ter sido fácil.
Às vezes eu estava feliz e calma.
Às vezes, gritava e me debatia violentamente.
Quando tentava comer, eu acabava com mais comida no rosto e nas roupas do que na boca.

As pessoas ficavam olhando.
Minha mãe não ligava.

Aos olhos dela, eu não fazia nada de errado.
Eu estava viva. Era só o que importava.

Eu estava fazendo o meu melhor para aprender a ser humana novamente.
Enquanto outros sentiam vergonha dos meus erros em público, os olhos de minha mãe brilhavam de amor e orgulho das minhas pequenas vitórias.

No final de nossas aventuras de mãe e filha, ela não me levava correndo de volta ao hospital.
Em vez disso, me levava até seu quarto no hotel.
Deixava que eu dormisse em uma cama normal o máximo que podia.
Não saía de perto de mim.

Eu não tinha nem ideia de que aquela mulher linda era minha mãe.
Mas ela nunca se esqueceu de que eu era sua filha.

◇

A fisioterapia estava ficando mais difícil.

Eu estava aprendendo a ficar em pé, dentro de uma estrutura especial.
Meu cérebro estava tão inchado e a pressão intracraniana era tão grande que, quando me ajudavam a ficar de pé e o peso do meu cérebro se deslocava da parte de trás para a base do crânio, eu desmaiava.

Eu inclinava o corpo na direção da estrutura, o que me impedia de cair no chão.
Quando voltava a mim, tentávamos novamente.
Um pouco mais a cada dia.

Era uma agonia.

Sempre que minha família tentava me consolar, eu começava a chorar.
E não parava mais.
Não conseguia parar.

Durante um exercício com placas das letras do alfabeto, tentei soletrar as palavras "IR EMBORA".

Não estava claro se eu queria que a equipe de reabilitação me deixasse em paz ou me ajudasse a fugir.
Suspeito que ambos.

Minha tia tentou me incentivar.
— Você é jovem, forte, vai se recuperar. Sei que é difícil, mas acredite que você é capaz!
Eu me virei para ela e, pela primeira vez, falei claramente e em voz alta, em um português perfeito.

— EU CONSIGO TUDO QUE EU QUERO.

⌬

Depois de terem que ir embora por conta do visto, Qelbes e Byron voltaram a tempo para o Natal.
Minha mãe não cabia em si de alegria.
Não reconheci nenhum deles.
No entanto, não pude deixar de sorrir quando Byron entrou no meu quarto.
Um fino fio dourado o ligava ao meu inconsciente.

Por alguma razão, comecei a chamar Byron, as enfermeiras e todo mundo de Qelbes.
— Qelbes.
— Qelbes.
— Qelbes.

Byron me ajudou a montar quebra-cabeças.
Inúmeros quebra-cabeças.

Eu não era ansiosa, era dócil.

Ele me levava para passear na minha cadeira de rodas, tomar um ar.
Às vezes, assistíamos juntos a episódios antigos de *Friends*.

Fomos até para um restaurante jantar em família.
O que foi uma primeira vez especial, mas provavelmente não muito tranquilo para ninguém.

Eu perdia o equilíbrio o tempo todo e fazia uma baita bagunça.
Além disso, ninguém sabia o que sairia da minha boca.
Alimentos mastigados pela metade, sons animalescos, gargalhadas bizarras, informações profundamente pessoais.
Nada ficava de fora.

Uma garçonete bem-intencionada teve pena da minha cabeça raspada cheia de cicatrizes.
Disse à minha mãe que eu a lembrava de uma versão um pouco mais velha de seu filho, que tinha 22 anos.
Peguei todos de surpresa ao dizer que eu tinha só 21 anos.
O que teria sido verdade, onze anos antes.

Todos ficaram chocados demais para rir.

No dia de Natal, Byron trouxe duas sacolas cheias de presentes de Grace, Olivia, Laura e Margo.
Pijamas, roupas de ginástica confortáveis, perfume, hidratante, máscaras faciais, laços de cabelo e até mesmo escovas de cabelo macias.
Eu estava em êxtase.
Minha mãe, aos prantos.

Ainda não sabia quem eram meus amigos ou minha família, mas sabia que queria todos eles na minha vida, tanto quanto possível.

10.

O ano novo não começou bem.

Qelbes e Byron tiveram que voltar para o trabalho.
Eles foram embora.
O coronavírus chegou.

Minha mãe se juntava à equipe médica para assistir ao noticiário, todos tomados de um horror silencioso, enquanto a covid se espalhava pelo mundo.
Primeiro aos poucos, depois de uma só vez.

As atualizações sobre a pandemia, antes semanais, passaram a ser diárias e a cada hora.
Ainda não havia um tratamento.
Nem cura.
O número de mortos crescia como uma onda gigantesca.

Uma sensação de pavor e urgência se instalou no Instituto Guttmann.
Todos queriam que eu voltasse para casa o mais rápido possível.
Principalmente minha mãe.

Mas eu não podia ser transferida de lá até que meu crânio fosse reparado.
E eu ainda estava fraca demais para sobreviver à cirurgia.

◇

Eu não parava de vomitar.
Costelas aparentes, cólicas estomacais.

Minha mãe ajudava as enfermeiras. Tentavam de tudo para me fazer ganhar peso.

Toda manhã, sem falta, minha mãe me trazia um croissant quentinho e um café com leite de amêndoas.
Isso fez meu apetite voltar.

Sobremesas veganas eram o que descia mais fácil.
Então, eles foram me engordando uma colherada de pudim de frutas de cada vez.

Por fim, comecei a me alimentar mais ou menos bem.
Meu braço direito, embora não estivesse mais completamente dormente, ainda não havia se recuperado por inteiro da injeção de botox.
E meu braço esquerdo recém-operado ainda estava muito dolorido.
Mas eu estava determinada a recuperar o movimento dele.
Valia a pena.

Algumas semanas depois, o dr. Gerardo Conesa Bertrán, o célebre neurocirurgião-chefe, conversou com minha mãe.
Ela assinou a papelada aprovando a remontagem do meu crânio.

O topo do meu crânio foi coletado do banco de tecidos e deixado para descongelar. Durante metade de um ano, ele ficara em uma prateleira escura, congelado a menos oitenta graus Celsius.
Mais frio do que o Polo Norte.
Mais frio do que a própria morte.

Minha mãe tentou manter a calma enquanto os enfermeiros me levavam para a sala de cirurgia.
Independentemente de dar certo ou não, aquela seria minha última cirurgia no cérebro.

◇

A anestesia geral causa sérios danos a um cérebro gravemente ferido.

O coquetel de drogas anestésicas pode reduzir o oxigênio e aumentar o dióxido de carbono na corrente sanguínea, desestabilizando os níveis de açúcar no sangue e aumentando a pressão no cérebro, já perigosamente inchado.

Cada minuto a mais na mesa de cirurgia podia ter consequências devastadoras.

Para minimizar os riscos, o dr. Conesa escolheu a dedo seus dois melhores neurocirurgiões.
Os três trabalhando juntos como um só.

Reduzindo uma operação de quase três horas para menos de uma hora.

Um maestro de trinta dedos tocando o impossível *Concerto para piano nº 2* de Prokofiev.

Cirurgiões sempre parecem exaustos e raramente satisfeitos quando saem de uma sala de cirurgia.
Talvez até praticassem isso na frente do espelho.

Para minha sorte, parecia ter dado tudo certo.

A equipe do dr. Conesa alcançou o sucesso onde outros falharam.
Eles haviam reconstruído meu crânio estilhaçado.

Minha mãe foi informada de que minha recuperação seria extremamente delicada e precisaria ser monitorada de perto.
Tudo que ela podia fazer era esperar.

E esperar.

11.

Estávamos ficando sem tempo.

Meu visto de turista renovado havia expirado.
Mais uma vez, o governo espanhol estava exigindo que eu deixasse o país.
Imediatamente.

Qelbes e Byron fizeram outro pedido de renovação do visto.
O dr. Conesa deixou bem claro para o Ministério do Interior que, se eu embarcasse em um avião antes de estar estável, a oscilação de pressão me mataria.
Eu estaria morta antes mesmo de o avião aterrissar.

No entanto, ninguém se deixou afetar.
Meu pedido de visto foi negado.

Era uma sentença de morte.

◇

Quando recebeu a má notícia, minha mãe ficou tão perdida que tropeçou e caiu na frente do hospital.
Fraturou a perna direita, logo abaixo do joelho.

Um taxista correu para ajudá-la.
No início, ela estava tão ocupada comigo que nem se deu conta da dor.
Mais tarde, mesmo sendo impossível ignorar a dor que parecia uma facada, ela se recusou a sair do meu lado para receber tratamento médico.

◇

Em desespero, entramos em contato com o consulado brasileiro.
Eles ficaram felizes em ajudar, mas o advogado propôs uma estratégia bem diferente.

Em vez de solicitar a renovação do visto de turista, ele entrou com um pedido de residência permanente.
Não fazia sentido.
Aquilo era o oposto do que ambos os lados queriam.

Eu não queria morar na Espanha, e o governo espanhol me queria fora dali.
Quanto mais cedo, melhor.

Mas funcionou.
Minha execução foi suspensa.

◇

Para comemorar meu aniversário, meu tubo estomacal foi removido.
E dezenas de países fecharam suas fronteiras.
Incluindo a Austrália.

O coronavírus estava dominando a Europa àquela altura.
Minha mãe estava aterrorizada com o que acontecia na Itália.
Um desfile macabro de corpos sem fôlego saindo de casas de repouso em cadeiras de rodas.

Era apenas questão de tempo até que a Espanha tivesse o mesmo destino.

Meu trauma cerebral e a cirurgia recente me colocavam na categoria de maior risco.
Se eu contraísse covid, o melhor cenário seria uma neuroinflamação aguda que provavelmente reverteria todos os ganhos duramente conquistados e infligiria danos consideráveis ao meu sistema nervoso central.

Talvez a morte fosse melhor.

Minha mãe estava tão assustada que já não dormia nem comia direito.
Estava perdendo peso em um ritmo alarmante.
Seu cabelo começou a quebrar. Depois a cair.
Suas articulações das mãos estavam travadas e retorcidas pela artrite reumatoide.

◇

O sistema de saúde espanhol sabia o que estava por vir.
Eles acreditavam que era inevitável centenas de milhares, se não milhões de espanhóis, caírem de cama.
E estavam certos.

As baixas aumentavam a cada hora.
Medidas extremas eram implementadas para proteger os mais vulneráveis.
Inclusive eu.

O país inteiro começou a fechar.
Portas e janelas foram trancadas.

O hotel de minha mãe fechou, e ela foi forçada a dormir em uma cadeira no hospital.
Cafés e restaurantes fecharam as portas e mandaram os funcionários para casa, inclusive a cafeteria do hospital.
Tudo que minha mãe tinha para comer eram as minhas sobras.

O Instituto Guttmann foi reaproveitado pelo Sistema Nacional de Saúde para atender ao sólido fluxo de casos críticos de covid.

Todos os pacientes de neurorreabilitação receberam ordens de voltar imediatamente para casa e se isolarem até segunda ordem.

Sem acesso a cuidados médicos e sem uma casa para onde ir, eu e minha mãe tínhamos tudo a temer.
Com novo visto ou não, teríamos que deixar o país.

12.

Trinta dias.

Esse era o tempo mínimo após a cirurgia no cérebro para que eu recebesse alta e pudesse embarcar em um avião.

Exatamente no trigésimo dia, o dr. Conesa realizou meu exame final, supervisionou os novos curativos e depois, com relutância, aprovou minha alta e me autorizou a voar.

◊

Byron fez todo o possível para me levar para casa com rapidez e segurança.
Mas as fronteiras da Austrália estavam ainda mais fechadas do que as da Espanha.
Eles também não me queriam lá.

Byron não desistiu.
Enviou inúmeras solicitações às mais altas autoridades para garantir que eu tivesse permissão de voltar ao país e que minha mãe pudesse me acompanhar.

Praticamente não havia mais voos internacionais.
O setor aéreo estava quase parado.
Mas Byron encontrou um avião de Barcelona a Sydney, via Londres e Cingapura, e comprou nossas passagens.
E não apenas para mim e minha mãe.
Também para uma enfermeira e um paramédico com os quais éramos legalmente obrigados a viajar.

◇

Chegamos ao aeroporto de Barcelona às oito da manhã, usando máscaras e protetores faciais.
Zero risco, zero erro. Era o nosso objetivo.

Mas, apesar de nossos melhores esforços, as coisas começaram a dar errado quase imediatamente.

Houve um problema com o visto da enfermeira.
Depois, com o visto do paramédico.
O meu nem sequer aparecia no sistema.
Minha mãe ligou para Byron em Sydney, e ele o enviou novamente pelo WhatsApp.

Em seguida, a alfândega identificou problemas na minha documentação médica.
Para ser específica, na autorização que o dr. Conesa me dera para voar.
Entramos em contato com o hospital.

Por fim, cada parte crucial da documentação foi reenviada, verificada e aprovada.

Nossas malas foram depositadas na esteira.
Estávamos prestes a passar pelo raio-X quando fomos informados de que Cingapura acabara de fechar as fronteiras.
Nosso voo não conseguiria aterrissar.

Durante a hora e meia seguinte, Byron e minha mãe ficaram pensando em outro jeito de me levar para casa.
Exploraram todas as opções disponíveis.

Tínhamos uma chance.
Apenas uma.

Poderíamos pegar outro voo de conexão em Heathrow no dia seguinte e chegar à Austrália.
A única questão era que a companhia aérea havia estipulado que eu teria que passar a noite em um hospital de Londres.
Por nós, não tinha problema.
Era ótimo, na verdade.

Minha mãe concordou na hora com essa exigência e, por fim, fomos autorizados a acessar a sala de embarque.
Eram três e meia da tarde. Nosso voo estava pronto para iniciar o embarque.

Chegando à sala de embarque, recebemos a má notícia da boca dos funcionários da companhia aérea.

A Inglaterra estava dominada pela covid.
Não havia nenhum leito hospitalar disponível em toda Londres.
Não teríamos permissão para embarcar no avião.
Já estavam, inclusive, retirando nossa bagagem do compartimento de carga.

Exausta e alheia a tudo, peguei no sono.
Minha cabeça, inteiramente enfaixada, pendia frouxa sobre meu peito.

Mas minha pobre mãe estava totalmente sozinha.
Desesperada para encontrar uma solução que não existia.

Não havia outros voos disponíveis.

A Espanha nos queria fora dali.
Ninguém mais nos aceitaria.
Não podíamos nem mesmo nos enfiar em um minúsculo quarto de um hotel próximo ao aeroporto.
Todas as saídas e todos os refúgios haviam sido bloqueados.

Minha mãe começou a chorar.
Byron e Qelbes ligavam para ela o tempo todo.
E, quando perceberam que não podiam ajudar, se uniram ao pranto dela.

Às cinco da tarde, nossas malas foram devolvidas.
Fomos para o único lugar que nos ofereceria abrigo temporário.
O Instituto Guttmann.

Voltamos ao ponto de partida.

Eles nos deram um quarto e uma comida quentinha.
A primeira refeição de verdade da minha mãe em dias.
Ficamos gratas.
Mas havíamos perdido completamente a esperança.

13.

Qelbes, no entanto, não havia desistido.

Primeiro, comprou todos os assentos restantes no último voo da Latam saindo da Espanha para o Brasil.
A companhia aérea nos deixou voar com eles, mas insistiu que eu fosse acompanhada por uma enfermeira fluente em português.

Qelbes entrou em contato com o consulado brasileiro e pediu ajuda.
Para nossa surpresa, o consulado localizou uma enfermeira brasileira que, por acaso, estava de férias na Espanha com a mãe.
Elas estavam hospedadas nos arredores de Barcelona.

Quarenta e oito horas depois, o consulado brasileiro enviou dois carros oficiais para nos buscar no hospital.
Parecia um gesto exagerado, mas as restrições de emergência contra a covid determinavam que só poderia haver um passageiro por veículo.

Quando chegamos ao aeroporto, fomos recebidos pela enfermeira e sua mãe, que também haviam sido levadas até ali em um comboio de limusines oficiais.
Era como se estivéssemos indo a um casamento real ou ao Oscar.

Fomos calorosamente recebidas por um representante do consulado.
Ele nos disse que tinha ordens estritas de não deixar o aeroporto até que todas estivéssemos em segurança dentro do avião.
E ele estava falando sério.

Tudo estava sendo diferente dessa vez.

Passamos às pressas pela alfândega e pelo raio-X, fazendo uma breve pausa a caminho do portão de embarque para atender a uma ligação do cônsul-geral adjunto do Brasil e outra do diretor da Latam.
Os dois esperavam que tivéssemos um voo seguro e confortável e desejavam que eu tivesse uma rápida recuperação.

Chegando à sala de embarque, os olhos da minha mãe estavam cheios de lágrimas de alegria e alívio.
Ela havia cuidado de mim sem descanso desde o meu acidente.

Muitas vezes, completamente sozinha.
Enfim alguém estava cuidando dela.

Foi um momento lindo.

◇

Eu era um bebê, flutuando entre as nuvens.
Alheia por completo ao devastador impacto emocional que meu acidente havia causado na minha mãe e em todos que eu amava.

Se eu soubesse que estávamos voando para o oeste, em direção à América do Sul, em vez de para o leste, em direção à Austrália, meu coração teria se apertado por Byron.
O amor da minha vida.
Sozinho no nosso apartamento em Bondi.
Olhando para as mensagens no seu celular.
Pensando que eu não estava voltando para casa.

Sem saber se algum dia eu voltaria para ele.

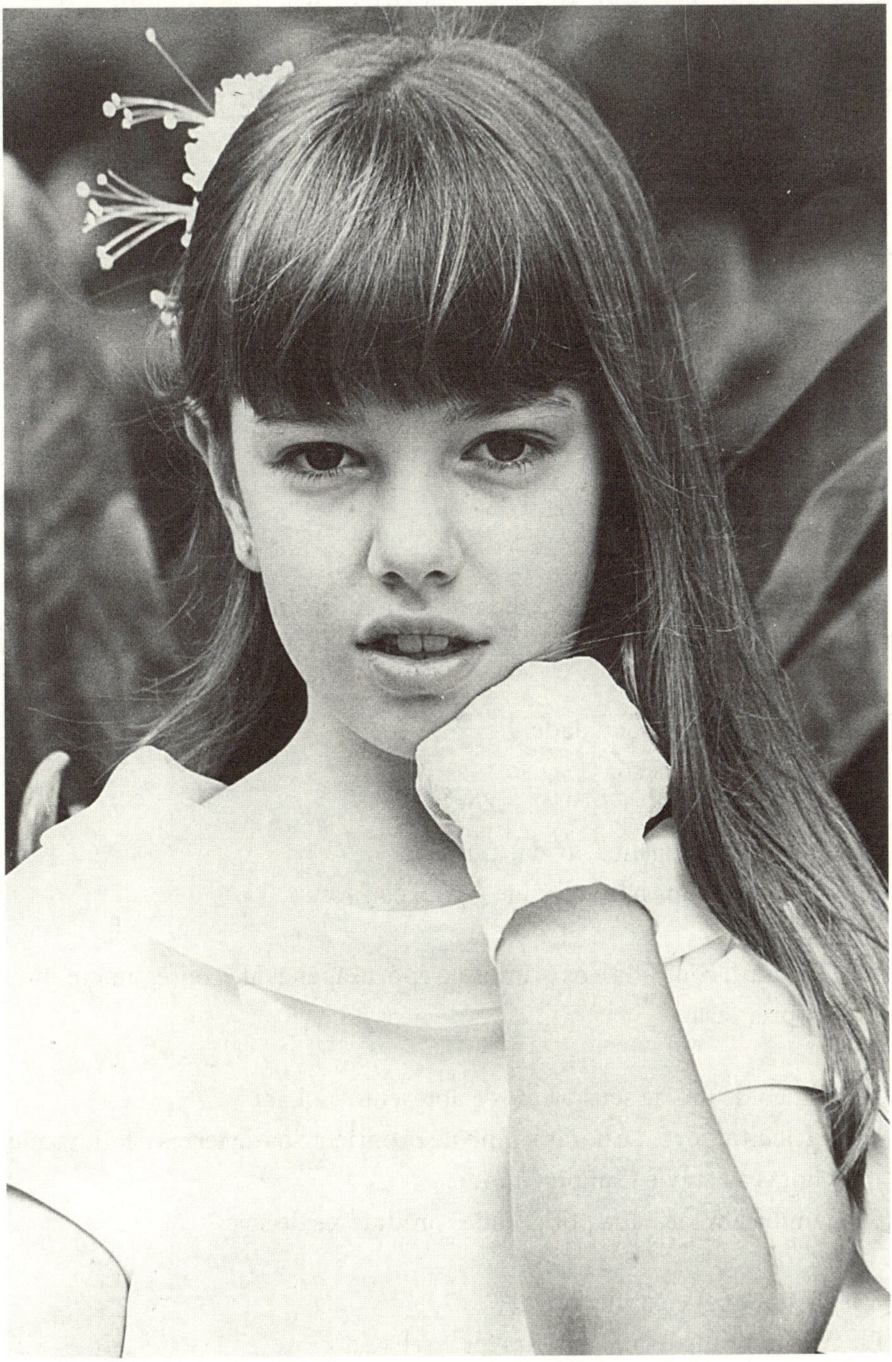

14.

Não lembro quantos anos eu tinha quando minha mãe me contou sua história.
Nossa história.
Pela primeira vez.

Como na maioria das histórias sobre mulheres e homens, havia uma lição de moral.

◇

Juceli tinha apenas 24 anos. Ainda não era minha mãe.
Trabalhava em Campo Grande como dentista da Assembleia Legislativa do Mato Grosso do Sul.
Recém-formada na faculdade.
Seu primeiro emprego.

Jovem, sozinha, ingênua, ávida, animada.
Ela era como todos nós aos vinte e poucos anos.

Juceli morava com a tia e os primos na época, apenas até conseguir comprar sua própria casa.

Um amigo de um de seus primos a apresentou a Lars.
Um agricultor jovem e bonito, filho de proprietários de terras de Maracaju, duas horas ao sul de Campo Grande.
Sua família era formada por grandes produtores de soja.

E foi assim que se conheceram.
Ela o achou simpático, mas Lars foi arrebatado.
Para ele, foi amor à primeira vista.

Lars não parou de ligar para minha mãe, até ela finalmente topar sair com ele.
Ele correu atrás dela incansavelmente.
Não é a melhor estratégia, mas, nas circunstâncias certas, é eficaz.

É difícil não se deixar influenciar por tanta devoção.

Juceli e Lars namoraram por quase um ano.
Oito meses.
Divertiam-se.
Não era muito sério.
Até que ficou.

Era de verdade, afinal de contas.
Lars falava em relacionamento para o resto da vida.
Eram feitos um para o outro.

E aí, quem sabe dizer o que deu errado?
O amor tem o dom de tornar irresponsável até a pessoa mais sensata.
Pelo menos por um instante.

Juceli ficou grávida.

Não havia planejado.
Sua vida adulta mal havia começado.
Ainda estava começando a se tornar a mulher que queria ser.

Lars não recebeu bem a notícia.
O mesmo homem que ligava o tempo todo de repente parou de ligar.
Parou de atender ao telefone.
Covarde.

Desesperada, assustada e sem saber o que fazer, ela pediu ajuda à família de Lars.
Eles bateram a porta na cara dela.

Em vez de incentivarem o filho a fazer a coisa certa, foi o contrário.
Juceli não significava nada para eles, e o que quer que ela estivesse carregando em sua barriga significava menos ainda.

Um dia, ela jogou a situação toda na cara de Lars.
A situação deles.
Ela precisava que ele fosse fiel à sua palavra.
Mas, apesar do que lhe dissera tantas vezes, Lars falou que não a amava e que não queria se casar com ela. Não mais.
Depois, admitiu timidamente que tinha outra namorada.

E que ela também estava grávida.

◇

Juceli teve que escolher.
Entre tudo que havia sonhado, tudo que havia planejado, tudo pelo que havia trabalhado tão duro...
E uma filha que nem conhecia.

Ela escolheu a mim.

Juceli sabia que o preço seria alto.
Um bebê poderia interromper sua carreira incipiente.
Uma âncora se arrastando atrás dela, freando seus passos.
Uma criança também tornaria mais difícil encontrar um amor verdadeiro.
Ela sofreria o estigma de ser mãe solteira em um país cheio de pessoas preconceituosas.

Minha mãe se recusou a sentir vergonha e ser silenciada.
Não deixaria que as pessoas entrassem em seu caminho, seguiria em frente.

Sabia que precisava me manter segura antes mesmo de eu vir ao mundo.
E que para atender a todas as minhas necessidades precisava primeiro me dar o que eu merecia.

Meu pai biológico me devia, no mínimo, reconhecimento legal e pensão alimentícia.

Juceli levou a família de Lars à justiça.
E ganhou.

Estava determinada a criar sua filha.
Sozinha.
Me chamou de Caroline.

Meu nome significa força.

15.

Minha mãe me mimou um pouco. Talvez muito.
Mas nunca me pressionou.
Não precisava.

Eu via quanto ela trabalhava duro.

Minha mãe era uma leitora voraz.

Seu pai a desencorajara de virar jornalista, mas não conseguiu extinguir seu amor pela literatura.

Na juventude, ela leu todos os livros que a família possuía.
Depois, foi até a casa dos seus vizinhos ricos, onde havia uma biblioteca muito maior, e leu todos os livros deles.

Fui criada como um rato de biblioteca, o que não surpreendia ninguém.
Aos 6 anos, eu lia três livros por dia.
Era precoce e me orgulhava disso.

Debatia corajosamente com meus professores, e até os corrigia na frente de todos.
E se eles não mudassem seu ponto de vista, mas ficasse provado que estavam errados, eu exigia um pedido de desculpas.
Ainda bem que esse comportamento atrevido fazia meus professores darem risada.
No entanto, não demorou muito para que me aconselhassem a parar de levantar a mão para responder a todas as perguntas feitas à classe.
Eu não parei.

Minha mãe sempre teve muita garra, e eu também.
Eu queria saber e fazer tudo.
No ensino fundamental e, depois, no ensino médio, eu não descansava enquanto não estivesse satisfeita com minha lição de casa e meus estudos.
Daí, falava com minhas amigas ao telefone até a meia-noite, ou até que minha mãe me pegasse.

Às cinco da manhã, eu já estava de pé.
Levantava cedo para lavar, secar e alisar meu cabelo.
Todos os dias.

Não era vaidosa.
Ao menos para os padrões brasileiros.

Seja você rico ou pobre, a aparência pessoal é importante aqui.
Provavelmente um pouco mais do que deveria.
Queria que tudo fosse exatamente como eu queria.

Minha mãe me chamava de "pequena perfeccionista".

◇

As únicas coisas que minha mãe me negava eram açúcar e doce.
Por ser dentista, ela não podia permitir que eu comesse nada capaz de danificar meus dentes.
Gosto de pensar que isso se deve ao fato de ela também ser perfeccionista em relação à sua profissão.
Mas suspeito que eu também fosse a pior paciente que ela já teve.
Eu me contorcia, choramingava e gritava na cadeira de dentista como um filhote de cachorro sendo vacinado.

◇

Boas notas e boa aparência eram importantes para mim.
Não porque eu tentasse impressionar os outros.

Eu queria ser alguém.

Eu estabelecia metas.
E as alcançava.

◇

Eu queria um futuro incrível.
Meu objetivo era me formar em engenharia civil em uma das melhores faculdades públicas do Brasil.
O vestibular foi árduo.
Uma competição contra cinco mil candidatos.

Para entrar, eu precisava ficar entre os oitocentos primeiros.
Para garantir uma vaga no curso que queria, precisava ficar entre os cento e cinquenta melhores candidatos.

Terminei entre os três primeiros.

◇

Minha mãe ficou radiante por mim.
Eu estava muito, muito feliz.
Não via a hora de ir para a faculdade em Porto Alegre.
Não via a hora de começar o capítulo seguinte da minha vida.

E mesmo assim...
Quando chegou a hora de sair de casa, comecei a arrumar minhas malas em segredo.
À noite.

Tinha medo de que, se minha mãe me visse aprontando as coisas para ir embora, acabaria de coração partido.
Eu já sabia que me separar dela partiria o meu.

16.

Eu nasci e renasci no Brasil.

O miraculoso avião que partira de Barcelona aterrissou em São Paulo.
Minha mãe me levou direto para a clínica particular Valencis, em Curitiba.

Passei um mês lá, sob os cuidados de terapeutas talentosos.

Estive fortemente sedada durante todo o meu tratamento em Barcelona.
Em Curitiba, os medicamentos foram drasticamente reduzidos.
Minha recuperação acelerou.

Foi na clínica Valencis que me dei conta da passagem do tempo.

Durante uma sessão de fisioterapia, perguntei à enfermeira que dia era e descobri que estávamos no final de março.
Aquilo não fazia sentido para mim.

Eu havia saído de Sydney na primavera.
No entanto, de alguma maneira, o verão já havia acabado.
Os botões de flores mal tinham começado a abrir, e de repente as folhas estavam ficando marrons.

Natal, Ano-Novo, meu aniversário.
O aniversário do meu primeiro encontro com Byron e do nosso primeiro beijo, a primeira vez que dissemos "eu te amo", a primeira noite em nossa nova casa.
Tudo havia ficado para trás.

Tantos momentos especiais se passaram enquanto meus olhos estavam fechados. Tempo, amor e beleza perdidos, ultrapassados, além do alcance. Flores transformadas em fumaça.

Eu sofria de anosognosia (incapacidade de reconhecer o trauma pelo qual passei) e não conseguia compreender o que tinha acontecido comigo.
Mas, naquele instante, percebi que havia algo muito errado.

Grande parte da minha vida simplesmente escapara por entre meus dedos, como sonhos esquecidos.
E o pior de tudo: eu podia sentir quão fraca era minha conexão com o que sobrara.

No fundo, eu sabia que as pessoas da minha vida estavam seguindo em frente sem mim.
Eu me sentia deslocada da minha própria existência.
Deixada para trás. Abandonada.

Comecei a chorar.
O choro de uma adolescente com o coração partido.
De uma criança perdida no shopping.

Não conseguia parar por nada.

A VIRADA

De repente me lembrei da minha própria mãe.
A ficha caiu, e senti um cobertor macio e quentinho me envolver.

Pela primeira vez em seis meses, olhei para aquela mulher incrível ao meu lado e soube que ela era a mãe que havia me criado com amor e força.

Ela havia alimentado a fornalha dos meus sonhos.

Me inspirado, ensinado e consolado.
Ela era a fonte do meu riso, aquela que secou minhas lágrimas.
Uma escultora dedicada que moldou meu rosto com palavras gentis e beijos carinhosos.

Sete meses, juntas e ao mesmo tempo sozinhas.
Reunidas. Finalmente.

◇

Minha última manhã em Curitiba.
Um café da manhã leve, com bolo de frutas e café.
Fomos colocadas em uma van branca e levadas para Caxias do Sul.
Essa viagem normalmente leva oito horas. Levamos dez.
Fizemos paradas frequentes para que mamãe pudesse me limpar depois que vomitei na van. Seis vezes.

Qelbes estava nos esperando em casa.
Parecia contente.

Depois de muita pesquisa, ele pagou uma nota por uma cadeira de rodas novinha em folha para mim.

Podia ser dobrada e levada para qualquer lugar.
Até mesmo para o chuveiro.

Naquele momento, decidi que não queria mais cadeiras de rodas.
Eu ia voltar a andar.
A partir daquele instante.
E foi exatamente isso que fiz.

A expressão no rosto de Qelbes foi, de alguma forma, de desânimo e satisfação.
O que me fez rir.

Era bom estar em casa.

17.

CAXIAS DO SUL

Eu havia passado muito tempo ausente.
Tempo demais.
Mas ninguém nunca se esquece da sua cidade natal.

Lembranças boas e ruins, tudo está no nosso sangue, para sempre.

Não fui a primeira garota do bairro a sofrer uma lesão cerebral gravíssima.
Nem mesmo a primeira no meu círculo de amigos.
E não fui nem de longe o pior caso.

Duas amigas bem próximas morreram quando éramos adolescentes.

◇

Rosana era uma garota complicada, mas maravilhosa.
Vinha de um bom lar, mas tinha um relacionamento difícil com os pais.
Sua saúde mental se deteriorou em um estalar de dedos quando ela começou a usar drogas.
Depois que o pai morreu de câncer, ela lutou contra a depressão e começou a ter pensamentos suicidas.

Rosana não conseguiu entrar na faculdade em Porto Alegre e começou a sentir que seus amigos a haviam abandonado.

Era mais uma ferida, profunda demais.
Achou a antiga pistola do pai, entrou em um quarto escuro e atirou na própria cabeça.

Tento não pensar na pobre mãe de Rosana chegando em casa e acendendo as luzes.

◇

Felícia era uma ótima companhia.
Tinha inúmeros talentos: tudo que ela tocava se tornava um enorme sucesso.
Não conseguia esconder sua genialidade; todos ficavam admirados com ela.
Felícia estava no caminho para a grandeza, e todos estavam felizes por ela.
Um dia, teve uma dor de cabeça terrível, uma espécie de enxaqueca.
Sua mãe lhe disse para voltar para casa, por um ou dois dias.

Um descanso curto, mas merecido, da faculdade.

O táxi de Felícia parou em frente à casa dela.
Assim que desceu do carro, desmaiou, as pernas dobrando debaixo dela, a poucos metros da porta de entrada.
Um aneurisma se rompera.
Ela nunca mais acordou.

◇

Barcelona não foi sequer o primeiro lugar onde fui atropelada por um carro.
Caxias do Sul também teve essa honra.

Quando eu tinha 6 anos, eu e meus primos estávamos andando de bicicleta em uma ladeira próxima.

Era domingo à tarde, depois da igreja, por volta da hora do almoço.
Não tinha praticamente ninguém na rua.
Essa foi a minha sorte.

Quando chegou a minha vez, apontei a roda dianteira para a frente e fui.
Na metade da descida da ladeira, eu já estava a uma boa velocidade e decidi frear um pouco.

Nada.

Continuei freando, em vão.

Um táxi branco tinha acabado de parar para pegar um passageiro.
Estava saindo lentamente quando cheguei ao final da ladeira.
O táxi me atingiu.

Apaguei por alguns segundos e depois recuperei a consciência toda.
De olhos arregalados e confusos.

Ficava perguntando que dia e que horas eram, e o que havia acontecido.
Continuei fazendo essas mesmas perguntas, em looping, dentro da ambulância.
Dentro do hospital.

Não me lembrava do acidente.
Mas, tirando uma concussão leve, não sofri nenhum ferimento.
A sorte foi que o táxi estava devagar quando colidimos.

O médico recomendou que eu ficasse no hospital, em observação.
Mas minha mãe queria que eu voltasse para casa.
Onde poderia me manter por perto e cuidar de mim.
A noite toda.

Ela ficou de olho enquanto eu dormia.
Afastou gentilmente minha mãozinha quando comecei a torcer meu cabelo em volta dos dedos com tanta força que os fios castanhos finos começaram a cair.
Algo que eu fazia desde bebê.

Na manhã seguinte, os acontecimentos confusos que antecederam o acidente, mas não o acidente em si, haviam voltado à minha memória.
Mas, mesmo ainda recuperando a memória, eu continuava esperta.
Aproveitei o momento para implorar à minha mãe por um cachorrinho.

Adotamos um poodle branco chamado Toby.

"Eu consigo tudo que eu quero."

Mas o que eu mais queria agora, pensando nas queridas Rosana e Felícia, era ser a garota que continuava viva.

18.

Eu sabia onde estava.
Tinha ciência de que estava no Brasil.
Só não sabia o motivo.

Meu passado e meu presente eram um só borrão doloroso.
Mas as pessoas que eram importantes para mim foram, aos poucos, se revelando.

◇

Eu conhecia Qelbes.
Me lembrava dele.

Eu o conhecia desde os 7 anos.
Qelbes foi morar com a gente quando eu tinha 8.
Ele se tornou mais que um padrasto, era meu amigo e companheiro de brincadeiras.

Um líder de torcida dos bons.
Sempre brincalhão, sempre alegre, sempre gentil.

◇

Eu sentia falta de Byron.

Meu coração inteiro sentia falta dele.
Eu me lembrei de quanto o amava.
E de quanto ele me amava.

E também me lembrei dos nossos amigos em Sydney.
Estava ansiosa para revê-los.
Até mesmo Margo.

◇

Eu me sentia pronta para o mundo, mas a realidade era outra história.

Eu não era, de forma alguma, um adulto funcional.
Era ingênua, volátil, e estava perdida.

Pouco mais hábil em conversar do que um macaco.
Tão crédula e instável quanto um ator mirim.

Foi necessário um exército compassivo de médicos e terapeutas, além de uma mãe implacável, para que eu continuasse a progredir.

◇

Agora eu andava por toda parte.

Mas meu andar era desajeitado.
Passos trêmulos, tronco torcido de forma estranha.
Rosto sem expressão. Olhos vidrados.
Um zumbi com pernas bambas.

As palavras estavam chegando ao meu cérebro de forma mais consistente.

Comecei a responder.
Mas, quando abria a boca para falar, as pessoas davam um meio sorriso para mim e meneavam a cabeça, piedosas.
Ninguém conseguia me entender.

Eu ainda não fazia a menor ideia de que havia sido atropelada.
Para ser sincera, achava que estava bem.

Na maior parte do tempo.

◇

Não entendia mais números nem dinheiro.
O que era estranho para alguém que lidava com orçamentos gigantescos e empregava sua habilidade em matemática para ganhar a vida.

A patética indenização da Espanha foi depositada na minha conta bancária.

Depois de convertida de euros para reais, a uma taxa de câmbio de cinco para um, achei que estava milionária.
Com a vida resolvida.

No fim das contas, não recebi dinheiro suficiente para cobrir mais do que alguns anos de fisioterapia e compras de mercado.
Mas, pelas lentes caleidoscópicas do meu cérebro lesionado, os números me deslumbravam.

Quando eu e minha mãe passeávamos pela cidade, eu me oferecia para lhe comprar o que estivesse nas vitrines das lojas.
– Gostou daquilo ali? – eu perguntava com entusiasmo. – Posso comprar para você!

Minha mãe, realista, compreendia minha situação financeira e não sabia se ria ou chorava.

Às vezes, ela fazia as duas coisas.

◇

Meu cérebro havia sido reiniciado.
O inglês passou a ser meu idioma padrão.

Isso acontece às vezes em casos de lesões cerebrais traumáticas.
Já ouvi falar de pessoas que acordaram de um coma falando um idioma que nunca haviam falado antes.

Fui diagnosticada com afasia de Wernicke, um distúrbio de linguagem e compreensão, consequência de o hemisfério esquerdo do meu cérebro ter sido transformado em carne de salsicha.

Quando as pessoas falavam comigo em velocidade normal, suas palavras pareciam aleatórias e confusas.
Informações rapidamente me sobrecarregavam.

Eu levava um minuto, talvez mais, para processar o que estava escutando.

E se mais de uma pessoa falasse ao mesmo tempo, eu ficava perdida.

Totalmente perdida.
Era como assistir a um filme estrangeiro que você não sabia que era um musical. De repente, as pessoas estão cantando, todo mundo está cantando para você, e você não faz ideia do que diabos está acontecendo.

E quando eu tentava falar, os pensamentos e as palavras davam pulos na minha cabeça como alguém agitando bolinhas de gude na mão.
Eu não podia garantir o que sairia da minha boca.

Possivelmente um sujeito e um predicado, murmurados de trás para a frente.
Ou algo tão ininteligível quanto sinos de vento.

Aos poucos, percebi que estava lutando para ser compreendida.

Não sabia qual era o problema.
Mas, em algum nível, compreendia que meu dicionário cerebral continha pouquíssimas palavras inteligíveis.
Em inglês e português.

Após o autodiagnóstico, prescrevi a mim mesma um curso de seriados norte-americanos antigos.
Comecei a assistir *Friends* no meu iPad.

Ouvia atentamente os diálogos cafonas e engraçados.
Depois, pausava o programa e escrevia o que eles tinham acabado de dizer, da melhor forma possível.
Repetia as falas em voz alta para mim mesma.
Apertava o play. Assistia e transcrevia a cena seguinte.
E assim por diante.

Alguns pais pensariam que seu ex-filho brilhante havia atingido o fundo do poço se ele passasse o dia inteiro assistindo à série de comédia mais branca dos anos 1990.
Mas minha mãe entendeu exatamente o que eu estava tentando fazer.

Eu era a melhor aluna em uma escola de idiomas exclusiva baseada em *Friends*.
E eu ia tirar nota 10 ou morrer tentando.

◇

Minha mãe percebia pequenas melhorias que a maioria das pessoas talvez não percebesse ou entendesse da forma errada.

Na clínica Valencis, ela notou que eu estava me olhando no espelho.
Eu parecia preocupada.
Ela viu que, pela primeira vez em um ano, eu estava ficando insegura com a minha aparência.
Meu cabelo castanho estava crescendo de maneira lenta e irregular após ter sido raspado várias vezes no hospital.
Eu estava recuperando a autoconsciência.
Minha mãe queria comemorar e estimular isso.

As aulas de maquiagem e de cuidados pessoais foram apenas o começo.

Minha mãe entendia que ter o cabelo comprido é um direito de nascença da mulher brasileira.
Ela sabia exatamente o que fazer.

Foi atrás de um cabeleireiro que aplicava extensões de cabelo incríveis.
Então me olhei no espelho novamente.

Bum.

No que me dizia respeito, eu estava de volta, baby!

19.

Amo minha família, minha cultura e meu país.
E, no entanto, minha forte conexão com o Brasil é… foi… complicada.
Havia momentos em que eu preferia um relacionamento à distância.

Me deixe explicar.

◇

CINCO ASSALTOS

Eu estava voltando do colégio para casa com uma amiga quando meus óculos de sol foram roubados.
Arrancados da minha cabeça em plena luz do dia por um ciclista.
Eu sei, não é o fim do mundo.
Mas não tínhamos muito dinheiro, eu não tinha outro par, e fiquei muito chateada.

Eu e meus colegas de faculdade estávamos tomando drinques em um bar quando minha bolsa foi roubada.
Não éramos ingênuos.
Tínhamos posto nossas bolsas em cima da mesa, mantendo-as bem à nossa frente.
Mas o safado do ladrão estava nos observando o tempo todo.
Esperando por uma brecha de um segundo em que estivéssemos distraídos para agir.

Toda a minha vida estava naquela bolsa.

◇

Um amigo me deixou em casa em Porto Alegre uma noite, depois da faculdade.

Ele encontrou a vaga perfeita, bem em frente ao meu prédio.
Agradeci e abri a porta para sair, mas ele começou um papo longo e constrangedor sobre como amizades podem evoluir com o tempo, etc.
No fim, ele queria que eu tirasse sua virgindade.

Ele era um cara legal, mas apenas um amigo. Ponto-final.
Eu estava tentando dizer "de jeito nenhum" sem ferir os sentimentos dele, quando dois homens armados nos mandaram sair do carro e deixar tudo de valor lá dentro.

Roubaram o carro dele, um Volkswagen branco novinho em folha.
Também levaram nossos celulares, meus livros de engenharia e os tênis Nike dele.
Ele prestou depoimento à polícia de meias.

A boa notícia é que o carro foi encontrado alguns dias depois.
A má é que logo foi roubado novamente.

◇

Para arcar com minhas despesas durante a faculdade, arrumei um emprego de meio período em uma agência de publicidade.

Em uma sexta-feira, fui visitar um dos meus clientes, uma agência de viagens, para dar os toques finais em um projeto antes que eles fechassem para o fim de semana prolongado de Finados.
Quando cheguei ao escritório deles, fui recebida na porta por um homem drogado e armado.

Ele me arrastou para dentro e me mandou deitar no chão.

Do lado de dentro, toda a equipe, uma dúzia de funcionários, já estava jogada no carpete.
Muitos choravam.
Um segundo homem andava pelo escritório, com os olhos injetados, sussurrando que todos colocassem suas bolsas, carteiras e objetos de valor no chão à frente dele, bem como as chaves do carro.
Os dois assaltantes haviam usado crack.

Foi assustador. Obviamente.

Além disso, eu estava com uma bolsa novinha que amava.
Então rapidamente joguei tudo no chão: batom, delineador, chicletes, um pacote de salgadinho, recibos aleatórios e o notebook da empresa.

Até espalhei algumas notas de dez reais por cima, para que os ladrões pensassem que estava entregando todo o meu dinheiro.
Mas mantive a carteira e o celular dentro da minha preciosa bolsa.

Depois, tentei escondê-la pressionando-a contra minha barriga e me curvando.
Como se estivesse cheia de gases.

Quando os bandidos ordenaram que fôssemos para a sala de reunião, eu rapidamente joguei a bolsa atrás de uma cômoda.
Depois de nos ameaçarem várias vezes, nos trancaram na sala de reunião e fugiram.
Assim que tive certeza de que eles não estavam mais ali, recuperei minha bolsa e liguei para a polícia.

A sorte, pelo menos para mim, foi que os caras fugiram no carro de outra pessoa, que, sem dúvida, era muito mais luxuoso do que o meu.
Eles deixaram as chaves do meu Fiat Punto de segunda mão e encardido caídas no chão.
Não foi uma grande surpresa, mas mesmo assim... foi uma vitória.

◇

Eu e minha mãe fomos assaltadas na rua, a caminho do clube.

Eu estava de férias e implorei que ela me levasse até lá.
Em Porto Alegre, eu chegava ao trabalho às seis da manhã e só voltava para casa no começo da noite.
Depois, comia qualquer coisa, tomava banho e trocava de roupa, antes de correr para a faculdade, onde ficava até dez e meia.

Precisava desesperadamente de um pouco de sol.

Estacionamos ao lado da entrada do clube e estávamos atravessando a rua quando dois jovens se aproximaram.
Eu usava um biquíni rosa-choque, short branco e Havaianas brancas.
Minha mãe estava maravilhosa em seu biquíni preto e minissaia.

Por um segundo, pensamos que fossem apenas dois esquisitos nos encarando.
Eu até já esperava que eles assoviassem, nos olhassem de um jeito malicioso ou fizessem alguma piadinha.
Em vez disso, eles sacaram pistolas.

Minha mãe ficou furiosa.

Ela sabia que eles queriam roubar seu novo conversível e fez questão de mostrar que não tinha medo deles.
Mas sua postura desafiadora irritou e encorajou os dois bandidos.
Em resposta, um deles apontou a pistola para minha cabeça.
O cano da arma foi pressionado com força na minha têmpora, deixando uma marca circular na minha pele.

Minha mãe olhou para mim horrorizada. Me viu ficar pálida e perder a expressão.
Estupor catatônico induzido pelo medo.

A urina escorreu quente pelas minhas pernas e empoçou nos meus chinelos brancos.

Minha mãe disse aos assaltantes que, se eles tirassem a arma da minha cabeça, poderiam levar o que quisessem.

Sua bolsa, sua carteira, seu dinheiro, seus cartões de crédito e seu talão de cheques.
Nossos telefones.
O carro com tudo dentro.
Até mesmo o DVD do Paulo Gustavo que estava no banco de trás (o comediante preferido dela).

Eles levaram tudo.

Não me lembro de quanto tempo fiquei paralisada de terror, mas sei que Qelbes nos levou para casa.

Os dois ladrões foram o mais longe que puderam com o conversível da minha mãe antes de abandoná-lo com o tanque de gasolina vazio.
O carro foi encontrado no acostamento de uma estrada que cortava a floresta. Felizmente, ainda estava em perfeitas condições quando a polícia o recuperou. Sem um arranhão sequer.

Mas os ladrões ficaram com o DVD do Paulo Gustavo.

20.

Byron não podia me visitar no Brasil, devido às rígidas restrições da covid.
Mas me mandava flores, cartões e chocolates.
E muito mais.

Ele me ligava todos os dias de Bondi.
Assim como fazia oito meses antes quando eu estava no hospital em Barcelona.

Nas nossas conversas, Byron me dizia coisas bonitas e amorosas.
Eu balbuciava e tagarelava como um bebê feliz ou um periquito animado.
Talvez apenas uma de cada quatro palavras que saíam da minha boca fizesse sentido.
Mas eu sabia o que sentia e o que estava tentando dizer.

Byron também sabia.

ˣ ˣ ˣ

Byron me dera um lindo diário cor-de-rosa enquanto eu estava no hospital.
Na capa estava escrito "ALL YOU NEED IS LOVE".
Dentro, ele havia escrito uma longa carta de amor.
Também havia feito desenhos fofos ao lado das atividades de reabilitação, dos exercícios com palavras e dos joguinhos bobos que jogávamos juntos, como jogo da velha.

Aquele diário se tornou minha bíblia enquanto eu estava em Caxias do Sul.

Byron assinara sua carta de amor com um enorme I♥U.

Ao lado, ele escrevera meu nome completo, minha data de nascimento e o endereço da nossa casa em Bondi.
Para me ajudar a lembrar exatamente quem eu era e onde era o meu lugar.

Corações, corações, corações.
Byron havia desenhado muitos no diário.
Alguns continham nossos nomes; outros, nossas iniciais.

Inúmeros coraçõezinhos minúsculos enchiam um vaso de vidro, no qual ele havia escrito "Cada manhã é um presente" em catalão.
Presumi que uma enfermeira o tivesse ajudado a traduzir a frase, provavelmente Maribel.

Eu praticava minha escrita copiando seus bilhetinhos de amor em garranchos caóticos.

> **Querida Caroline**
> **Você é a pessoa mais importante do mundo inteiro.**
> **Te amo muito!**
>
> **Eu te amo mais a cada dia.**
> **Com amor, Byron**

Outro em letras maiúsculas.

> BYRON
> AMA
> CAROLINE
> PARA SEMPRE!
> ♥ ♥ ♥
> ♥ ♥ ♥

No hospital, Byron havia traçado nossas mãos esquerdas, lado a lado, em duas páginas.

Havia pintado suas unhas de rosa e desenhado um anel de noivado grande e brilhante no meu dedo anelar com lápis de cor.
A aliança era azul.
O diamante cintilante, amarelo.

Eu ficava olhando para aquele desenho.
Dia após dia. Repetidas vezes.

Não via a hora de nos casarmos.
Comecei a planejar nosso casamento na Austrália.
Enviava a Byron fotos de todos os vestidos de noiva de que gostava.

Ele amava todos.

Eu achava que não poderia amar Byron mais do que já amava.

Mas então seus incríveis amigos JP e Emma criaram uma página em um site de vaquinhas australiano para ajudar minha mãe a recuperar parte da não tão pequena fortuna que ela e Qelbes foram obrigados a gastar por conta do meu acidente.
Passagens de ida e volta para a Espanha, hospedagem em hotéis e inúmeras outras despesas importantes.
Para ficar ao meu lado, minha mãe foi obrigada a fechar completamente seu consultório odontológico.

Qelbes também havia ficado muito tempo afastado da empresa de seguros que construíra ao longo de trinta anos.
Tinha comprado um carro novo, que por coincidência fora entregue no dia seguinte ao meu acidente.

Em vez de ir para casa com ele, Qelbes pediu à concessionária que cancelasse a compra e devolvesse o dinheiro.

Ele temia que precisássemos de cada centavo para ajudar a cobrir minhas despesas médicas.

E não estava errado.

A vaquinha arrecadou mais de sessenta mil dólares australianos.
Mais de duzentos mil reais.

Se alguém pensou que minha mãe iria se apavorar, estava redondamente enganado.

◇

A fisioterapia doía tanto que eu não conseguia dormir.
Os exercícios com a fonoaudióloga eram frustrantes e exaustivos.

Tive algumas crises enquanto estava na casa dos meus pais.

Não sei como eles me aguentavam.
Mas sei que segui em frente.

Eu e Byron não parávamos de conversar e trocar fotos pelo Instagram e pelo WhatsApp.
Mesmo nos dias mais difíceis, esses pequenos gestos de amor me animavam.

Adorava o fato de Byron sempre me incluir quando saía com nossos amigos, enviando fotos do que eles estavam fazendo.
Essas pequenas janelas para nossa vida anterior faziam com que o tempo que estávamos separados fosse suportável.
Também um pouco mais doloroso.

Ele me enviava vídeos encorajadores.
Alguns eram montagens de nossos momentos mais divertidos e românticos, ao som de minha música favorita.
Em outros, ele me levava em um tour pelo nosso apartamento em Bondi.

Me mostrava meu escritório, pronto para quando eu voltasse ao trabalho.
Meu guarda-roupa, com todas as minhas roupas.
Tudo esperando que eu voltasse para casa e me reapropriasse do que era meu.

A cama onde fazíamos amor.

◇

Byron me enviou um presente fofo no Valentine's Day, em fevereiro, com uma linda mensagem.
Mas, com o mundo virado de cabeça para baixo por conta da covid, só chegou a Caxias do Sul em meados de junho.

> **Para minha bela Caroline, *happy Valentine's Day*! Te amo muito e estou incrivelmente orgulhoso de como você está se recuperando bem. Por favor, continue lutando. Eu te amo e mal posso esperar para te encontrar no Brasil!**
>
> **Byron ♥**

Julho e agosto passaram.
Byron não veio.

A Austrália havia proibido os cidadãos de deixar o país.

◇

Cheguei a um ponto crítico.

Eu queria, precisava voltar para Bondi.
Falava sobre isso o tempo todo com minha mãe.

Não aguentava mais ficar longe de Byron.
Não conseguia aceitar o fato de estar do outro lado do mundo.

Minha recuperação ficou mais lenta.
Fiquei deprimida.

Até minha mãe, que preferia que eu nunca mais saísse de casa, sabia que estava na hora de eu voltar para Sydney.
Como sempre, ela pôs minha felicidade em primeiro lugar.

Havia apenas um problema.
Era impossível entrar na Austrália.

21.

A Austrália havia trancado as fronteiras e jogado a chave no mar.
Ninguém entrava nem saía.

Mas ninguém tinha um namorado como Byron, ou uma melhor amiga como Grace.

Byron enviou um formulário atrás do outro.
Uma carta após a outra.
Pedindo, implorando, exigindo permissão para que eu voltasse para ele e para nossa casa.

Grace traduziu inúmeros documentos do português para o inglês e vice-versa.

◇

A Austrália é famosa por muitas coisas, mas, pelo menos historicamente, receber estrangeiros não é bem uma delas.
Era compreensível que a pandemia não tivesse atenuado esse comportamento.
Na Austrália, é difícil obter um visto de residência permanente, mesmo nos momentos mais propícios.
É ainda mais difícil se tornar cidadão, como pude comprovar – eu havia enviado a documentação para o pedido de naturalização assim que me tornei elegível.

Para ser honesta, há muitos lugares ainda mais difíceis.
Butão, Vaticano e a Lua. Para citar alguns.

Será que a Austrália valia todo esse trabalho?

Valia.

Para mim, valia demais.
Aquele belo país era meu lar adotivo.
Era lá que estavam meus melhores amigos.

Era lá que eu morava com o homem que amava.

◇

O governo australiano finalmente concordou que eu tinha o direito de voltar para casa.
Como contribuinte residente, meu direito de acessar serviços de saúde pública de que eu tanto precisava era irrefutável.
Mesmo assim, eles tentaram sufocar nosso pedido com uma burocracia sem fim.
No entanto, para dois banqueiros devoradores de planilhas como Byron e Grace, aquilo era como se fosse apenas mais um dia no escritório.

Mesmo tendo aprovado meu retorno, o governo fez com que eu e minha família enfrentássemos uma série de obstáculos médicos.
Porém, mais uma vez, depois do que havíamos enfrentado em Barcelona, foi moleza.

Qelbes começou a pesquisar voos.

◇

A data da viagem estava se aproximando.
Comprei presentes divertidos para mim e para Byron.
Lindas taças de cristal para brindar nosso reencontro.
Duas estátuas de abacaxi de cerâmica dourada para iluminar nossa casa com um pouco do sol brasileiro.

Estava contando os dias, as horas, quando recebi uma mensagem anônima pelo Instagram.

> **Caroline, o Byron é um canalha mentiroso e traidor. Estamos juntos e transando há oito meses.**

Havia também duas fotos anexadas.
Mas estavam ocultadas como conteúdo sensível.
Eu não entendia o que estava vendo nem sabia como abrir as fotos.

Enviei tudo para Byron.

Ele me garantiu que se tratava apenas de spam.
Alguém provavelmente estava tentando me dar um golpe.
– Melhor ignorar – disse ele.

22.

Fizemos um teste de covid.
Depois outro.
Embarcamos no nosso primeiro voo no dia 5 de setembro.

Normalmente, ao viajar do Brasil para a Austrália, o avião vai na direção oeste.
Passa por Santiago, no Chile, e depois Auckland, na Nova Zelândia.
Cruza o Pacífico e aterrissa em Sydney, vinte e quatro horas depois.

No entanto, as restrições da covid-19 impediam um plano de voo normal.

Nossa única opção era voar de São Paulo para Doha, no Qatar, e lá pegar um voo direto para Sydney.
O oceano Atlântico e depois o oceano Índico.
Duas vezes a distância, duas vezes o tempo de viagem.

Meu crânio recém-refeito sentiu cada uma dessas quarenta horas no ar.

◇

No primeiro ano da pandemia, nenhum governo do mundo sabia o que fazer.
Não havia vacinas nem tratamentos comprovados.

A ciência ainda estava tentando recuperar o atraso.
Ninguém aprendia com os erros alheios.

A desinformação era desenfreada.

Algumas medidas de saúde pública foram exageradas.
Outras ficaram aquém do esperado.
Algumas conseguiram muito poucos resultados, e tarde demais.

A Austrália não foi diferente.

Apesar de ser um dos países mais saudáveis do mundo, a forma como lidaram com a pandemia não foi muito melhor do que em qualquer outro lugar.
As autoridades incentivaram confinamentos longos e rigorosos para compensar a falta de preparo e o atraso na distribuição da vacina.

A única grande vantagem, por ser uma nação insular cercada de tartarugas marinhas, era o isolamento geográfico.
Assim como o Japão e a Nova Zelândia, o fechamento de fronteiras da Austrália foi muito mais eficaz em retardar e reduzir a exposição ao vírus mortal.

Por isso, eles não estavam correndo riscos no aeroporto de Sydney.

◇

Saímos destruídos da nossa segunda maratona de voo, ainda usando máscaras e protetores faciais.

Quase imediatamente, nos deparamos com um paredão azul-escuro de oficiais da Força de Fronteira da Austrália.
Eles deixaram claro que a Austrália não estava aberta a visitantes.

O Departamento de Assuntos Internos não estava autorizando a entrada de nenhum estrangeiro.

Trouxeram um funcionário da alfândega que falava português.
Foi um alívio, pois Qelbes e minha mãe não falavam inglês fluentemente.
E eu não falava mais língua alguma.

Seguiu-se uma longa conversa.

Os funcionários queriam saber como tínhamos entrado no avião e ousado pôr nossos pés brasileiros no solo dourado da Austrália.

Depois de verificar nossos passaportes e vistos, eles declararam que somente eu poderia entrar no país.
Meus pais teriam que retornar ao Brasil sem sair do aeroporto.

Eu ter que cuidar de mim mesma era uma situação que nenhum de nós desejava enfrentar.
O rosto da minha mãe ficou lívido.
Mas ela não caiu no blefe deles.

Graças a Byron e Grace, nossa documentação estava em perfeita ordem.
Os oficiais da alfândega verificaram tudo duas vezes e, não encontrando nenhuma base legal para nos deter, carimbaram nossos documentos e autorizaram nossa entrada na Austrália.

Depois de fazermos outro teste de covid, fomos conduzidos ao ônibus que nos deixaria em um hotel para a quarentena obrigatória.

Ninguém nos disse para onde estávamos indo.
O que me pareceu rude e perturbador.

Mas, no final, levamos mais tempo para carregar e descarregar o ônibus do que para chegar ao nosso destino.
Ou seja, ainda estávamos em Mascot, ou muito perto dali.
Não muito longe de onde eu morava quando trabalhava em Pagewood.

23.

Não sei como, mas toda a nossa bagagem foi extraviada durante a viagem de cinco minutos de ônibus do aeroporto até o hotel.

O check-in no hotel onde faríamos a quarentena foi inesquecível, mas apenas porque terminou com nós três trancados no quarto.

Duas viaturas da polícia estavam paradas do lado de fora para evitar saídas ilegais e capturar aqueles que sofriam de sonambulismo agudo.
Não entendia bem por quê, mas me sentia desconfortável ao vê-los estacionados ali, dia e noite.

Nosso quarto era simples, mas confortável.
Nem o hotel Ritz, nem um gulag soviético.
Embora talvez não fosse o hotel que teríamos escolhido para passar trezentas e sessenta horas juntos.

Fazia um frio fora de época quando chegamos. E chovia.
De todas as janelas, desfrutávamos uma única e desoladora vista de concreto molhado.
Muito diferente das minhas lembranças ensolaradas da Austrália.
Só podia imaginar o que minha mãe e Qelbes estavam achando.

Naquela noite, Byron e JP chegaram para nos dar as boas-vindas.
Grace e Olivia apareceram depois.
A polícia não os deixou passar da porta do hotel.
Meus amigos acenaram da rua.

Fiquei absurdamente animada apenas de vê-los.

Byron enviou um champanhe caro, iguarias australianas, um belo par de sapatos novos e um cartão muito romântico.
As meninas enviaram uma linda cesta de presentes.
Balões, flores, um coala de pelúcia, um monte de chocolates veganos.
E um bilhete fofo de todos os meus amigos.

> **Querida Caroline,**
> **Bem-vinda ao lar!**
> **Estamos muito felizes por te ter de volta em Sydney. É impossível medir quanto estamos orgulhosos de você, da sua recuperação e do seu progresso até agora. Temos certeza de que você só vai continuar melhorando, e estamos aqui por você. Sentimos muito a sua falta e mal podemos esperar para te ver!**
> **Com todo o nosso amor,**
> **Seus amigos de Sydney**
>
> **Beijos**

◇

Fiquei profundamente emocionada.
Mas também intrigada.

A referência à minha recuperação e ao meu progresso em andamento me deixou confusa.
Não fazia ideia do que eles estavam falando.

Eu só tinha ficado fora um tempo.
Agora estava em casa.
Tudo estava como deveria estar.

Dois dias depois, 9 de setembro, faria um ano do meu acidente.

Tenho certeza de que minha mãe, Qelbes, Byron e outros já haviam me contado o que acontecera comigo. Inúmeras vezes.
Mas, por algum motivo, meu cérebro decidiu que aquele seria o dia em que tudo finalmente se encaixaria.

Eu tinha sido atropelada e quase morrido.
E havia lutado todos os dias durante um ano para voltar para casa, para o homem que eu amava.

Enfim entendi por que a presença constante da polícia do lado de fora me perturbava.
Minha mãe e Qelbes tiveram que me impedir de gritar com eles.

◇

Naquele momento, ciente de tudo que eu havia passado tanto tempo ignorando, me vi de uma maneira um pouco diferente.

Minhas cicatrizes pareciam mais visíveis.
Meu olho torto parecia um pouco mais torto.
Mas eu não estava menos determinada a recuperar minha vida.

Eu me senti mais forte. Não mais fraca.

Uma viatura policial desgovernada havia tentado me matar.
E fracassou.
Nada poderia me impedir agora.

24.

Ficar trancada em um quarto de hotel com seus pais é uma ótima ideia para um reality show.

Para ser justa, minha mãe e Qelbes eram companhias maravilhosas.
Mas aqueles quinze dias pareceram os mais longos da minha vida.

Não havia nada de muito divertido a fazer.
Eu não conseguia ler livros nem assistir televisão.
Meu acidente me deixara com diplopia (visão dupla).
E meu cérebro se recusava a permitir que eu me concentrasse (eu não conseguia acompanhar o que estava acontecendo ao meu redor).
Em um ou dois minutos, o melhor filme já feito era reduzido a luzes e ruídos.

Minha única fonte confiável de entretenimento eram as sessões remotas de fono, com minha fonoaudióloga no Brasil.

Nossa pena de prisão até que foi curta e agradável.
Mas a sensação claustrofóbica de confinamento, de sentir-se preso e impotente, era muito real.

Anseio por um relacionamento amoroso que se transforma em ansiedade, frustração e ressentimento.

◇

Nossa bagagem foi encontrada e devolvida três dias depois de nossa chegada. Em vez de vestir agradecida minhas próprias roupas, eu me recusei a usar qualquer coisa, exceto o pijama de cortesia cinza e quentinho da Qatar Airways.

Uma opção prática e confortável para um confinamento domiciliar forçado. Por mais estranho que pudesse parecer, meu protesto em prol de roupas aconchegantes também era um protesto pessoal por não ter acesso a ar fresco.

Felizmente, cada um de nós ganhara dois pijamas.
Um para cada trecho internacional da viagem.
Assim, teoricamente, um poderia ser lavado enquanto o outro estivesse sendo usado.
E, se eu deixasse de lavar, enfim teria motivos para ficar grata pelo fato de minha lesão cerebral ter me tirado permanentemente o olfato.

◇

A monotonia era irritante.
Três refeições de tédio por dia.
A única quebra em nossa rotina eram os testes de covid que fazíamos de vez em quando.

Montei, desmontei e remontei um sem-número de quebra-cabeças.

Byron me enviou uma minibicicleta ergométrica, para que eu pudesse seguir com meus exercícios de reabilitação.

Minha mãe tirou uma foto engraçada e atrevida de mim na banheira, segurando a garrafa de champanhe que ganhara de Byron.
Enviei a foto por mensagem para ele.
Prometi que esperaria para bebermos juntos, em nosso apartamento em Bondi.

Usaríamos as taças de cristal que eu havia comprado para nós no Brasil.
E depois encontraríamos um lugar para os abacaxis dourados.
Mas, quando abri minha mala, encontrei lascas de cristal quebrado. Cacos de cerâmica dourada.
Minha mãe colou uma estátua de abacaxi com supercola, mas não era a mesma coisa.

◇

Duas semanas se passaram.
Quase podíamos sentir o gosto da liberdade, quando recebemos uma ligação desconcertante dos oficiais de saúde australianos.
Apesar de todos os nossos testes de covid terem dado negativo, nossa quarentena tinha sido estendida para vinte e cinco dias.

Ainda bem que minha mãe existia.

Ela agarrou o telefone e foi logo pedindo para falar com um superior.
Exigiu uma explicação médica para aquela decisão.
Como não encontraram nenhuma, as autoridades não tiveram outra escolha a não ser respeitar o prazo original.

Eu mal podia esperar para mostrar aos meus pais o azul-turquesa do oceano Pacífico e levá-los para conhecer meu apartamento.
Fazer uma caminhada na praia.
Tomar café de verdade.
Beijar Byron.
Não nessa ordem.

◇

Nossa quarentena obrigatória terminou oficialmente às vinte e três horas e cinquenta e nove minutos do décimo quinto dia.
E custou cinco mil dólares australianos.

A gerência do hotel nos informou que poderíamos ficar até a manhã seguinte, sem cobrança adicional.
Deixei claro que não seria necessário.
Minhas malas já estavam prontas ao lado da porta.

Depois do jantar, tirei meu pijama cinza de presidiária e joguei-o na lixeira.
Tomei banho e, pela primeira vez em muito tempo, me vesti e me maquiei.

Byron nos aguardava do lado de fora.

À meia-noite, eu estava de volta em seus braços.
Sob as estrelas.

◇

Byron me levou para casa.
Foi exatamente como eu havia sonhado.
Tudo parecia tão empolgante e novo, mas ao mesmo tempo reconfortante e familiar.

Achei que meus pais fossem ficar no quarto de hóspedes do nosso apartamento.
Por alguma razão inexplicável, eles haviam reservado um hotel em Bondi Junction, o bairro vizinho.
Os dois e suas bagagens foram embora em um táxi.

Talvez eles quisessem seu próprio espaço.
Era perfeitamente compreensível.
Eu queria Byron só para mim.

◇

Era uma da manhã quando chegamos em casa.
Não conseguia descrever o alívio que sentia ao deitar na minha cama.

Estava cansada demais para fazer amor.
Nós dois estávamos.

Eu não dormia direito desde o acidente, na quarentena não tinha sido diferente.
Os últimos treze meses haviam sido mental, emocional e fisicamente estressantes.
O trauma havia penetrado na minha medula.

Mas aquela noite, apertada contra Byron, libertou minha mente e meu corpo.
Eu estava finalmente em paz.

Minha terrível provação havia chegado ao fim.

◇

Acordei revigorada. Descansada.
Muito feliz.

Estar viva era extasiante.
Um gato bocejando ao sol.

Senti apenas uma pontinha de ansiedade quando me dei conta de que minha mãe e Qelbes haviam levado minha mala por engano.
Então, encontrei meu robe e me lembrei que isso não importava.
Tudo de que eu precisava estava ali.

Nosso apartamento estava exatamente como eu o havia deixado.

Cada móvel, cada decoração onde eu havia posto.
Minhas roupas favoritas estavam penduradas no guarda-roupa; e as roupas íntimas, dobradas dentro da cômoda.
Meu xampu e minha pasta de dente tinham vencido, mas, fora isso, meu banheiro estava idêntico ao dia em que, um ano antes, partíramos para nossas férias na Europa.

Eu estava em casa.
Eu estava em casa.
EU ESTAVA EM CASA!

25.

Mantive a promessa.

Minha mãe e Qelbes foram ao nosso apartamento para brindar à nossa liberdade com o champanhe chique que Byron havia nos dado durante a quarentena.

Seu sabor era como um sopro do paraíso.

Mostrei o apartamento à minha mãe.
Ela não fez tantos "ó" e "ah" quanto eu esperava, mas adorou.
Depois, fizemos nossa tão adiada caminhada pela praia.

Meus pais finalmente entenderiam por que eu morava lá.

Quando estavam quase indo embora, minha mãe disse que seria melhor se eu fosse com eles.
Para o hotel.
Fiquei confusa.
Mas ela insistiu.
Alguma coisa sobre minha nova rotina.
Novos arranjos. Fisioterapia.
Alguma coisa, alguma coisa, alguma coisa.

Não entendi muito bem o que ela queria dizer.
Não conseguia entender por que não podia ficar na minha própria casa.
Mas aceitei ir com eles.

Byron me deu um abraço forte ao se despedir.

Eu amava quão alto e largo ele era.
Seus braços longos davam duas voltas em mim.

Eu amava isso.

Porém, mais tarde, no táxi com meus pais, percebi algo estranho.
Byron não havia me beijado nenhuma vez desde que eu chegara em casa.

◇

Byron também não me beijou na semana seguinte.

Nós nos divertimos muito, não me entenda mal.
Eu e meus pais estávamos adorando, e Byron teve uma grande participação nisso.
Refeições maravilhosas, visitas a pontos turísticos, passeios legais.
O melhor de Sydney.

Depois de duas semanas em quarentena, Qelbes pôde sentir o gostinho da Austrália antes de ter que voltar ao Brasil.
Seus negócios mantinham nossa família em pé, e o trabalho o chamava de volta.

Minha mãe disse que ficaria para ajudar a me adaptar.
Seja lá o que isso significasse.

Byron, como sempre, era gentil, amoroso e generoso.
Mas… não havia nenhuma intimidade entre nós.
Nem sequer dávamos as mãos.

Em vez de dormir em casa, eu ficava com minha mãe no hotel.
Meu fisioterapeuta estava hospedado ali também, o que trazia muitas vantagens.
Mas as coisas ainda pareciam… erradas.

Ter retornado para casa depois de uma viagem heroica e ficar a quinze minutos de distância do homem que eu amava.

Minha mãe pisava em ovos em relação ao assunto.
Dizia que eu precisava dar espaço a Byron.
Ele havia ficado sozinho por muito tempo.
Precisava de um tempo para assimilar.

Eu não entendia, mas tentei não ficar obcecada com isso.
Não foi nada fácil.
Depois de todos os cartões, cartas, presentes, mensagens e vídeos românticos que Byron havia me enviado, minhas expectativas eram compreensivelmente altas.

Além disso, para ser franca, eu não havia passado um ano longe do meu namorado para agora voltar a ser virgem.
Tinha lutado para retornar do mundo dos mortos só para estar com Byron.
E eu tinha necessidades e desejos.

26.

O fim de semana seguinte foi muito importante para mim.
Para nós.

Byron deu uma festa de boas-vindas oficial para mim em casa.
Grace, Olivia, Margo, JP, Emma... todos os meus amigos de Sydney estavam lá.
Todos tão radiantes e belos quanto eu me lembrava.
Mais, até.

Foi maravilhoso.
Mais do que maravilhoso.
O final feliz de um filme da Disney.

No início.

Abraços sinceros.
Inúmeros "Sentimos sua falta!".
"Você é incrível!"

"Você está maravilhooooosa!"

Salpicados de clichês de felicitações.
Uma montanha de macarons.

Eu piscava e sorria.

Minhas habilidades de comunicação eram um trabalho em andamento.

Eu me saía melhor em reagir a conversas.
Responder a perguntas, em vez de fazê-las.

Assim, eu falava sobretudo de mim mesma.
Apenas repetia o que sabia sobre o acidente e a recuperação para todos que quisessem ouvir.
O mesmo e deprimente disco.

Risos e murmúrios atrás de mim.
Tantas pessoas falando ao mesmo tempo.
Eu me esforçava para entender.
Com a fala dificultada e o sotaque brasileiro, as pessoas também tinham dificuldade para me entender.
Amigos que me conheciam havia anos falavam comigo como se eu fosse uma criança.
Uma criança inteligente.

Grace percebeu minha ansiedade e continuou me servindo vinho.
Minha tolerância ao álcool ainda era baixa.
Depois de algumas taças, ficou ainda mais difícil me entender.

O processamento de informações diminuía a cada gole.
Eu ria ou deixava de rir nos momentos errados.

Estava fora de sincronia com o resto.
Eu me senti esquisita.
Eu parecia esquisita.

Depois de recitar suas gentis boas-vindas e me parabenizar por não estar morta, a maioria dos meus amigos se afastou de mim.

Passaram a conversar entre si.
Pareciam se divertir mais quando eu não estava envolvida.

Se aquela festa fosse um teste, eu teria sido reprovada.

◇

Mesmo assim, estava adorando ver todo mundo.
Não estava claro se era recíproco.
Eu estava em casa, mas ainda me sentia perdida.

A combinação de empolgação, álcool e ansiedade social havia me esgotado por completo.
Corpo cansado.
Cérebro cansado.
Coração cansado.

Eu me retirei. Para o nosso quarto.
Fechei a porta.
Tirei a roupa.
Me enfiei na cama.

◇

Acordei quando Byron entrou no quarto.
Finalmente, nosso apartamento estava silencioso.

Ele hesitou.

Depois, deitou-se na cama comigo.

Estar com Byron era tudo de que eu precisava para ser feliz.
Eu o queria.
Precisava dele.

Mas ele me rejeitou.

Disse que não estava pronto.
Disse que ainda estava tentando entender as coisas.

Foi uma noite muito longa.

◇

Voltei para o quarto de hotel da minha mãe pela manhã.
Ela viu tudo no meu rosto.

A frustração, a confusão.

Minha festa de boas-vindas tinha sido tudo que eu esperava, e também uma grande decepção.
Um Ano-Novo fabuloso que não correspondera às expectativas.

Eu me sentira constrangida. Magoada.
E, por que não, com raiva.

Roubada, privada da consumação do nosso tão esperado reencontro.
Impedida de sentir o prazer físico do amor.
O conforto reparador e a afirmação da nossa sagrada intimidade.

◇

Uma semana agitada se passou.

Todo dia havia uma exaustiva lista de tarefas a cumprir.
Consultas médicas para meus olhos, meus membros quebrados, minha mente dilacerada.
Fisioterapia.
Reabilitação de paralisia facial.
Exercícios e pilates.
Terapia da fala.
Terapia cognitivo-comportamental.
Terapia ocupacional.
Terapia do sono.

Ver minha assistente social e, uma vez por semana, ir à consulta com meu neuropsicólogo.

Suor e lágrimas numa careta constante, digna da lembrança de mim mesma.
Em busca de recuperar a felicidade que um dia tinha sido minha.

Minha mãe me incentivou e prometeu que tudo iria melhorar.

Eu e ela nos divertíamos juntas.
Às vezes nos divertíamos.
Tentamos nos divertir.
Nós realmente tentamos.

Nunca pedimos nada.
Byron ajudou como pôde.

Ele era gentil.
Mas ainda assim não me convidou a voltar para casa.
Para o nosso apartamento.

O apartamento dele.

◇

Ficou claro que aquela não era mais a nossa casa. Apenas a dele.
Minha mãe confirmou isso para mim.

Eu a havia encontrado, nos apaixonáramos por ela juntos e eu a transformara no nosso lar.
Mas fora ele, e não nós, que pagara por ela.

Eu não havia me dado conta disso.
Não fazia sentido ele me expulsar de casa depois de três anos juntos.
Ser atropelada por um carro de polícia não é motivo para divórcio.

Aquela injustiça amorosa era incompreensível.
Eu só conseguia repetir o que me era dito, mas não conseguia entender.
Era como falar com um pássaro.

Era do nosso ninho de amor que eu sentia falta.
Não do imóvel.

◇

Desinibição. Impulsividade. Imaturidade. Insensibilidade.
Apenas algumas das características adquiridas de um ser humano amoroso, inteligente e talentoso cujo cérebro foi gravemente lesionado.
E está aos poucos tentando se recuperar.

Verdades sem filtros, de acordo com Caroline.
Sem rodeios.

Compulsão.
Comecei a comprar coisas para as quais normalmente não olharia duas vezes.
Casacos caros, bolsas caras.
Dois de cada, obrigada.

Mudanças de humor.
Da alegria à raiva e à tristeza, mais depressa do que um gato que sai correndo assustado.

Foco em mim mesma.
Todos os acontecimentos vistos pela lente de "Isso é bom para Caroline?".

Tudo de uma vez.
Rápido não era rápido o bastante.
Eu queria construir Roma no tempo que levava para cozinhar macarrão instantâneo.

Emoções conflitantes.

Eu ficava chateada por qualquer coisinha.
Tomada de medo e desejo.

Minha psique ferida era um casamento de fachada entre a confiança em mim mesma e a aversão a mim mesma.

Mas eu não era um monstro. Estava apenas sofrendo.
Sempre sofrendo. Sempre sentindo.
Confusa com tudo o que havia acontecido, com o que estava acontecendo comigo e eu não podia controlar.

O desabrochar explosivo da minha primeira menstruação enquanto eu rolava por uma escadaria sem fim.

De certa forma, voltei a ser uma adolescente.
Entusiasmada e sincera e inocente e generosa e invejosa e insegura e excessivamente autoconfiante e vulnerável e curiosa e reservada e honesta e esperançosa.

Eu ainda me amava.

27.

Decidi correr atrás do que era meu.

Liguei para Byron.
Não, mandei uma mensagem para ele.
Ele aceitou me encontrar no seu apartamento.
Uma semana depois da festa.

Fui vestida para matar.
Maquiagem: impecável.
Cabelo: perfeito.
Perfume: não conseguia sentir o cheiro, mas tudo bem. Pronto.

Não sei qual era exatamente a minha aparência mancando até o táxi com salto alto.
Mas me sentia uma estrela de cinema.
Jessica Rabbit não era páreo para mim.

Minha missão era simples.
Despertar o amor de Byron.
Continuar de onde paramos.

Primeiro passo: seduzir meu namorado.
Segundo passo: mostrar o que ele estava perdendo.
Terceiro passo: restaurar nosso felizes para sempre.

O primeiro passo não foi bem-sucedido.

Assim que Byron me viu entrar pela porta, ficou em alerta.
Quando eu tentava beijar seus lábios, ele desviava o rosto.
Como se evitasse um tapa.

Ele afastava minha cabeça com seu longo braço e me segurava ali.

Byron disse que estava tendo dificuldades de lidar com o que tinha acontecido.
Ele não estava pronto para voltar a ser o que era.
Ele havia se machucado profundamente com o acidente.

Ele havia se machucado?

Eu quis rir daquilo.
Quis gritar com ele.
E pode ser que eu tenha feito isso.

Mas eu também sabia que era verdade.

◇

O trauma nos fere e nos marca de diferentes maneiras.

Como no caso da tristeza, nem sempre dá para dizer como, onde e quando ele nos atinge em cheio.

Byron não passara um ano agonizante reaprendendo a comer, falar e andar.
Não estivera amarrado a uma cama, chorando de desespero.
Não tivera seu crânio partido em dois por uma serra elétrica.

Mas eu sabia que Byron testemunhara grande parte disso.
Ele enfrentara o horror com os olhos abertos.

Eu havia dormido durante a pior parte.

◇

Alguns homens não enxergam mais as esposas do ponto de vista sexual após o parto.

Comecei a me perguntar como Byron me via naquele momento.
Infantil, aleijada, defeituosa.
Um fardo?

Será que agora eu era menos atraente pessoalmente do que na foto de perfil do aplicativo de namoro?

Ele disse que ainda me amava.
Mas que precisava de tempo.
De espaço.

Eu disse que ele precisava conversar com alguém sobre isso.
Procurar ajuda profissional.
Ele prometeu que procuraria.

28.

Fui criada na fé católica.
O limbo e o purgatório não são conceitos vagos para mim.

O purgatório é um lugar de dor e anseios, nas margens do inferno, onde almas dignas, mas imperfeitas, devem ser purificadas antes de entrar no céu.
O limbo é um fim de mundo para crianças não batizadas, livres de pecado, mas condenadas a permanecer sozinhas e sem rumo, entre o céu e o inferno.

Em sentido figurado, acho que os dois destinos se aplicavam a mim.

Tentei dar a Byron o espaço de que ele precisava para resolver quaisquer que fossem suas questões.
Eu ainda tinha fé em nós dois.
Nele.

O amor de Byron ajudara a me trazer de volta dos mortos.
Suas cartas de amor e seus vídeos haviam me trazido de volta para casa.
Confiei nele para fazer o que fosse necessário, e assim pudéssemos recuperar o passado e criar um futuro juntos.

◇

Byron não ligou.
Ninguém ligou.

Até que comecei a fazer posts frequentes no Instagram, dizendo que havia sobrevivido a um terrível acidente e estava me sentindo muito, muito, muito sozinha.

Pode ter sido uma atitude patética.
Mas foi eficaz.

O lado positivo de perder a inibição foi não sentir mais vergonha de falar sobre minhas necessidades.
Não fazia sentido sofrer em silêncio.
Vamos ser honestos, nunca faz.

Os amigos de Sydney sentiram-se impelidos a entrar em contato comigo.
No início, nos encontrávamos em grupos, o que era maravilhoso para mim.
Se eu perdesse o fio da meada, poderia apenas ficar sentada e curtir como membro da plateia.

O simples fato de estar presente significava muito para mim.

Alguns encontros eram melhores do que outros.
Vários amigos não conseguiam entender que, só porque eu demorava um pouco mais para responder e minha fala era um pouco desconexa, eu não era uma imbecil.

Talvez eu não entendesse uma piada ao mesmo tempo que todo mundo.
Mas eu entendia.
No final.

Meus amigos começaram a falar por cima e ao redor de mim, como se eu não estivesse lá.
Eles continuavam a falar comigo como se eu fosse burra.
Inclusive falavam de mim a uma distância que eu podia ouvi-los.

E, quando tentei explicar que eu não era uma criança nem uma completa idiota, eles ficaram ofendidos.

◇

Eu não era mais tão divertida quanto antes.

Às vezes, podia ser difícil lidar comigo.

Doía saber que meus amigos se sentiam entediados ao meu lado.
Ou ficavam desconfortáveis perto de mim.
Eu só queria estar perto das pessoas com quem realmente me importava.
Queria me sentir querida.

Ser incluída.

Estava dando o meu melhor.
Trabalhando duro, melhorando a cada dia.
Mas não era rápido o suficiente.

A afeição deles se transformou em pena.
A pena se transformou em obrigação.
A obrigação tornou-se cansativa.

Eu era difícil.
Uma estraga-prazeres.
A notícia se espalhou.

As restrições impostas pela pandemia aceleraram meu declínio social.
Os convites pararam de vir.

Os brunches, os almoços e os drinques ainda aconteciam.
Em privado. Em segredo.
Sem mim.

Muitos desses mesmos amigos haviam feito doações generosas para minha vaquinha on-line.
Mas dinheiro era algo que eles tinham de sobra.
Tempo e paciência eram muito mais escassos.

Mais tarde, eles alegaram que eu os afugentara com meu comportamento estranho.

Podia ser.
Mas a verdade era uma só: eles desistiram de mim.

Em pouco tempo, apenas duas amigas queriam me ver.
Grace e Olivia.
A sós.

◇

As nuances e o calor de uma conversa cara a cara desapareceram.

Minhas interações humanas se limitavam a médicos, terapeutas e personal trainers.
A minhas duas amigas mais próximas.
Ao meu namorado, de quem estava semisseparada.
E à minha mãe.

Pelo que pude perceber, a população da Terra havia se reduzido a menos de dez pessoas.

◇

Então, eu recebi a ligação.

29.

Byron me convidou para jantar fora.
Ele queria me levar a um lugar especial.

Era um encontro.
Um encontro de verdade.

Meu coração pulou de alegria.

Escolhi um restaurante.
Como sempre.
Alibi, em Woolloomooloo.

Um lindo restaurante vegano, dentro de um hotel cinco estrelas, em um histórico cais de madeira que se projeta no porto de Sydney.

Eles tinham um bonsai de bordo enfeitado com luzinhas douradas.

Eu tinha uma queda por luzinhas.

◇

O Alibi era um lugar especial para nós dois.

Dois anos antes, eu e Byron havíamos ido à inauguração dele.
O proprietário contratara a consultoria de um chef norte-americano mundialmente famoso.

Ele havia sido trazido de avião para ajudar na inauguração do restaurante.

Mas, na grande noite, o chef das celebridades e sua deslumbrante namorada modelo pareciam absurdamente entediados e infelizes juntos.

Não saíam do celular.
Não conversavam.
Não olhavam um para o outro.

A comida era deliciosa e o ambiente, sublime.
Não conseguíamos entender por que os convidados de honra não estavam se divertindo.
Parecia triste e cômico ao mesmo tempo.

Talvez eles tivessem tido uma discussão.

Será que estavam se separando?

◇

Byron foi pontual.

Estava muito bem-vestido. Muito bonito.
Modéstia à parte, ainda ficávamos lindos juntos.

Byron não tinha abandonado o cavalheirismo.
Ele abriu a porta do carro para mim e me ajudou a entrar.
O que foi ótimo.
Meu equilíbrio ainda não era muito bom.
Subir e descer dos ônibus tornara-se um passatempo constrangedor.

No carro, conversa fiada.
Troca de elogios.
Empolgação.

O mais feliz que me senti em um bom tempo.

No restaurante, Byron puxou a cadeira para mim.
Pedimos drinques antes do jantar.
Estavam tão incríveis que era quase um crime.

Eu queria esclarecer o que havia acontecido uma semana antes.
Não era bem um pedido de desculpas. Mas uma explicação.
Queria dizer a ele como me senti.
Como poderíamos reconstruir nosso relacionamento.

Não era complicado.
Não para mim.
Eu ainda amava Byron. Queria estar com ele.

O acidente descarrilara nossas vidas.
Mas nossos planos só haviam sido adiados, não cancelados.
Eu havia desafiado e espantado os médicos, e estava apenas começando.
Eu acreditava, eu sabia, nos meus ossos restaurados, na medula da minha alma, que poderíamos superar qualquer dificuldade por vir.

Éramos felizes juntos antes do acidente.
Poderíamos ser felizes de novo.

Era tudo tão simples.
Pelo menos quando eu ensaiava tudo na minha mente.

Chegou o momento de colocar isso em palavras.
Eu disse a Byron que havia algo que queria lhe contar.
Minha mente discordou.

O nervosismo tomou conta de mim.

Fiquei inquieta.
Comecei a rir.
Baixei os olhos.

Havíamos pedido o menu degustação.

Toda vez que eu decidia falar, chegava outro prato delicioso.
O garçom apresentava cada um como se estivesse nos vendendo uma joia rara.
Em seguida, nós o experimentávamos.
Saboreávamos, arrebatados.
E repetíamos o processo.

Era muito difícil manter o foco no que meu coração precisava compartilhar.

Por fim, Byron percebeu minha hesitação.

Ele me perguntou se eu estava bem.

Então saiu.
Tudo.
Um cano estourado de emoção.

Pela maneira como Byron me olhava, eu percebia que ele ainda me amava.
Mas não do jeito que eu queria ser amada.

Pelo menos, ele não me enganou.
Não fingiu que estava tudo bem. Que ficaria tudo bem.

Ele disse que agora éramos amigos.
Apenas amigos.
Não namorados.

Não mais.

Enquanto ele falava, seus olhos mostravam compreensão por minha dor e meu desejo.

Ele sabia que estava me machucando.

Ele começou a chorar.

Foi então que me dei conta de que aquela noite especial juntos era o nosso jantar de despedida.
A valiosa esperança no meu peito se transformou em areia.

Byron também havia desistido de mim.

◇

Ele me disse que já havíamos tido aquela conversa difícil antes.
Várias vezes.

Incluindo na semana anterior, quando eu havia tentado destroçá-lo em seu apartamento.

Eu não me lembrava disso.
Mas naquela época eu não me lembrava da maioria das coisas.

Olhava para fotos antigas de nós dois e não me lembrava do que estávamos fazendo.
Onde estávamos.
Por que eu estava tão feliz.

Byron tentou explicar que o acidente havia alterado tudo entre nós.
Ele havia sido devastado pelo meu acidente.
Havia mudado.
Embora não soubesse dizer como.

Disse que ambos estávamos nos curando à nossa própria maneira.
O que tivéramos fazia parte do passado.

Perguntei sobre todas as cartas de amor que ele havia me enviado.
Os cartões. Os presentes.
Os vídeos dizendo que me amava e que estava esperando por mim.

Que nossa casa estava esperando por mim.
Que minha vida inteira estava esperando por mim.

Ele me fez acreditar no amor verdadeiro.
No nosso amor.

Por que ele disse e escreveu aquelas coisas tantas vezes e por tanto tempo?
Ele estava falando sério?
Ou era tudo mentira?

Byron confessou que estava apenas tentando contribuir para minha recuperação.
Tentando me motivar a continuar, a insistir, a lutar, todos os dias.
A ir melhorando um pouco por vez.
Ele não queria que eu desistisse de mim mesma.

A compaixão em sua forma mais cruel.

◇

"Desolada" não chega nem perto de definir como eu estava me sentindo.

Eu me senti tão sozinha.
Totalmente à deriva.
Sem valor.

Desejei ter morrido naquela rua em Barcelona.

Talvez Byron tenha percebido isso, porque prometeu que jamais me abandonaria.
Ele queria continuar meu amigo.

Não era o prêmio que me fora prometido. Que eu tinha vindo de tão longe para receber.
Era só uma medalha por participação.

Foi quando eu soube que ele não me amava mais de verdade.
Talvez, no passado, tivesse me amado.
Talvez.

Mas não mais.

◇

Eu ficava perguntando a ele por quê.
Mas, mesmo que houvesse um motivo, Byron não era frio o suficiente para dizer na minha cara.

Meu novo eu, o eu danificado, não era mais atraente para ele.
Meu antigo eu era perfeito.
Byron queria se casar e ter quatro filhos com aquela antiga versão minha.
Mas minha nova versão ele não queria nem mesmo beijar.

◇

O restante do jantar foi comicamente difícil.
Não conversamos. Não olhamos um para o outro.
Eu estava com uma terrível dor de cabeça.

A comida era maravilhosa.
Acabei comendo demais.

Byron me levou de volta ao hotel em silêncio.
Demos boa-noite um ao outro.
Palavras, apenas.

Nenhum abraço.

Nenhum "eu te amo".
Nenhum beijo de despedida.

Byron não desceu para abrir a porta nem me ajudou a sair.

◇

Cada parte do meu ser se sentia esmagada.

Meu pescoço e meus ombros se renderam à dor.
A cabeça caída para a frente.
Inchada, sem equilíbrio.
Ânsias de vômito.

Agora de pé, sem firmeza.
Caminhando a passos de tartaruga.
Com cuidado para não tropeçar e cair de cara no chão.
Desesperada para preservar qualquer resquício de dignidade que me restava.
Especialmente na frente de um homem que havia trocado minhas fraldas no hospital.

Eu havia amado Byron com todo o meu ser.
Ele era meu para sempre.
Sem ele, sem nós, o que eu era?
Todos os meus sonhos de amor tinham virado cinzas, poeira.

Eu me mantive firme. Com dificuldade.
Foi preciso.
Só até eu voltar para o quarto de hotel.

Minha mãe estava esperando por mim.

Fui direto para a cama. Para debaixo dos cobertores.

Totalmente vestida.
Maquiada.

Tentei contar para ela.
Tentei lhe dizer "Byron terminou comigo".
Mas não consegui.
Minha garganta se fechou logo na primeira palavra.
Continuei tentando.
Olhos vermelhos e marejados.
Soluços profundos e sufocantes faziam meus ombros e minhas costelas sacudirem.

Minha mãe se deitou ao meu lado e me abraçou forte.
Choramos até dormir.

Aquela noite. Aquele momento.
Aquela foi a primeira vez que me senti despedaçada de verdade.

Say you'll never let me go.
Say you'll never let me go.

30.

Byron dilacerou meu coração e cuspiu nele.

Depois, para mostrar que não havia ressentimentos, criou um grupo no WhatsApp para que seus amigos enviassem mensagens incentivando minha recuperação.

Ajudou a editar e publicar uma montagem de vídeo.
Pré-acidente. O que veio depois.
Internação hospitalar.
E reabilitação.
A trilha sonora era "Angel by the Wings", da Sia.

Uma música lindíssima.
Aparentemente, Sia a escreveu para um documentário sobre uma jovem do Cazaquistão que desafiou o patriarcado treinando uma águia-real para caçar raposas.

Eu era a garota, a águia ou a raposa?

Os amigos de Byron adoraram.

Que recuperação incrível, Caroline, e como o Byron te apoia!

Sua coragem e determinação são absolutamente incríveis, Caroline... Você é uma baita inspiração...

Byron, você também é sensacional...

Que incrível! Caroline, estamos muito felizes com sua recuperação. Sua força e determinação são um exemplo... Byron, estou muito orgulhoso de você...

Caroline, você é uma pessoa incrivelmente forte!... Byron, você também é uma inspiração, meu amigo!

◇

Amargurada e magoada, rompi meu silêncio.

Escrevi no grupo do WhatsApp que Byron havia terminado comigo.
Não estávamos mais juntos.
Mesmo eu tendo acreditado que sempre estaríamos juntos.
Que iríamos nos casar.

Por que ele tinha esperado que eu voltasse para casa?
Que viajasse metade do mundo no meio de uma pandemia?
Para me dizer que não havia lugar para mim em seu coração?
Nem no lar que criamos juntos?

Eu reconhecia a generosidade de Byron.
Era genuinamente grata por sua ajuda.

Mas então eu fiz uma piada de mau gosto – com um duplo sentido meio torto e infantil.
Insinuei que era muito comum os homens perderem o interesse em uma mulher depois de um acidente.

Não sei se minha mágoa despertou a raiva que senti pela maneira como Lars havia tratado minha mãe.
Ou se eu estava pensando em outra coisa.

Byron ficou com raiva de mim. Constrangido.
Eu havia violado o protocolo da troca de mensagens em grupo, disse ele.
Aquele grupo era sobre mim, não para mim.

Os amigos dele me criticaram de forma aberta.
Me repreenderam e foram condescendentes comigo.
Fizeram um *mansplaining* da tragédia para a vítima, a fim de defender Byron.

Por acaso eu estava ciente de que Byron havia testemunhado meu acidente e passado meses ao lado da minha mãe?

Por acaso eu sabia que Byron havia perdido o amor de sua vida em um terrível acidente e precisava seguir em frente?

Aos olhos deles, Byron era um santo.
Merecedor da minha eterna gratidão e da simpatia de todos.

Mas eu?

Eu era um produto danificado, sujo e idiota.
E a afeição de Byron por mim não era mais motivo para eles serem meus amigos.

Aos olhos deles, meu coração partido, assim como minhas deficiências físicas e mentais, era uma fatalidade aceitável.

Eu era descartável.
Um incômodo.
Um fantasma a ser exorcizado.

◇

Nenhum dos amigos homens de Byron expressou qualquer tristeza pela nossa separação.
Não pareceram surpresos com o fato de eu ter sido posta para escanteio tão pouco tempo depois da festa de boas-vindas.

Ninguém me procurou para perguntar se eu estava bem.

Todas as respostas no grupo continham um endosso tácito à decisão de Byron de terminar comigo.
Para eles, era algo inevitável.

Ou seja, ou eles sabiam bem antes de mim que meu relacionamento com Byron havia terminado.
Ou simplesmente não davam a mínima.
Talvez ambos.

Eles queriam o amigo de volta.
Eles queriam que a ex-namorada dele desaparecesse.

Um a um, eles saíram do grupo de apoio no WhatsApp.
Homens. Mulheres.
Todos eles.

◇

Margo disse que era hora de seguir em frente.
Já havia passado da hora.

Fiquei sabendo que ela havia criado um novo grupo no WhatsApp, também chamado "Besties".
Convidou todo mundo, menos eu.

Os amigos de Byron podiam não gostar de mim naquele momento, mas reconheciam um golpe baixo quando viam um.
Grace não quis ter nada a ver com aquilo.
Apenas duas ou três meninas aceitaram o convite.
Byron conversou com uma delas sobre a crueldade desse gesto.
O novo grupo foi logo desfeito.

31.

Grace me levou para jantar fora numa tentativa de me animar.
Fomos ao Yulli's, um bar e restaurante vegano incrível em Surry Hills.
Adorei.

Ela vivia pedindo que eu parasse de pensar em Byron.
Eu e ele éramos apenas "bons amigos" agora.
Eu devia me concentrar em minha recuperação.
Era só isso que importava.

Grace sugeriu que eu fizesse outra tatuagem.
Para cobrir a grande cicatriz em meu ombro esquerdo.
Ela já havia mencionado isso mais de uma vez.

Eu gostava de tatuagens. Já tinha várias.
Mas o fato de ela dizer isso repetidamente fez com que eu me sentisse insegura em relação às minhas cicatrizes.
Todas as minhas cicatrizes.
Visíveis e invisíveis.

Naquele momento, Taika Waititi entrou no estabelecimento.
Meu cérebro pastoso ainda estava tentando dar um nome a seu rosto mundialmente famoso, quando Grace me tirou da cadeira para uma selfie com ele.
Taika, muito gentilmente, parou para falar com a gente.

Enquanto estávamos comendo, ouvi Grace ofegar.
Ela sussurrou que Taika estava jantando com Natalie Portman.
A Natalie Portman!

Eles estavam sentados no canto mais escuro e escondido do restaurante.
Eu não conseguia ver ninguém. Nada.

Grace sabia quanto eu amava Natalie.
Ela me encorajou a ir até lá dizer oi.
Mas eu não faria isso.

Não poderia.

Ainda que eu não tropeçasse e derrubasse mesas e cadeiras no caminho até lá.
Uma grande suposição por si só.
Minha fala ainda era dolorosamente limitada.
Em especial sob pressão.

Não podia nem pensar na ideia de encontrar uma das minhas heroínas e sair tagarelando baboseiras ininteligíveis.
Dando gritinhos e fazendo piadas.
Um papagaio engasgando com uma semente.

Depois de todos terem me dado as costas.
A ideia de assustar a mulher que eu admirava havia tanto tempo.
Eu não suportaria.

◇

O fato de quase, mas não exatamente, ter conhecido Natalie ainda era emocionante.
Eu a marquei em nossa selfie com Taika, mesmo que ela não estivesse na foto.
Outra violação do protocolo das redes sociais.

Em certo nível, eu tinha voltado a ser uma adolescente emocionada.
Mas, em algum lugar, bem no fundo, aquele encontro fez as engrenagens girarem.

Eu não me lembrava da No Saints.
Me esquecera completamente da minha empresa.
Mas sentia haver algo que eu precisava investigar, que eu precisava fazer.
Algo importante.

Assim que cheguei em casa, carreguei meu antigo notebook.
Estava determinada a revirar meus arquivos antigos.
E-mails. Mensagens.
Tudo.

Eu não sabia o que estava procurando, nem o que encontraria.

Mas, até pouco tempo antes, eu acreditava que estava viva para amar Byron e ser amada por ele.
Se isso não era mais verdade, então dúvidas eram tudo que eu tinha.

Abri o notebook.
Os dedos pairando no teclado.

Tela preta.
Bloqueada.

Não conseguia lembrar a maldita senha.

32.

Não sei quão profundamente é necessário amar uma pessoa para odiá-la tanto quanto odiei Byron depois que ele terminou comigo.

E ainda assim.
Eu não conseguia me livrar do apego por ele.
Não conseguia desistir dos sonhos que havíamos compartilhado.
Sonhos que eu achava que havíamos compartilhado.

Byron continuava sendo um cavalheiro.
Disse à minha mãe que estava à disposição para nos ajudar com qualquer coisa.
A qualquer momento.

◇

Minha situação doméstica era insustentável.
O plano original era voltar para o nosso apartamento em Bondi.
Minha mãe dormiria no quarto de hóspedes.
Aconchegada como um gato em uma almofada.

Em vez disso, eu e minha mãe ainda estávamos dividindo um quarto de hotel que, a cada dia, parecia menor.
Mesmo como um quebra-galho, estava custando uma fortuna.

O que nós mais precisávamos, o que eu precisava, era de um lugar para morar.
Um lugar só meu.

◇

Eu e minha mãe então começamos a caçar um apartamento.

Eu queria continuar em Bondi.
Era o meu sonho, mesmo antes de conhecer Byron.

Meu recém-ex-namorado deixou nós duas chocadas ao dizer que preferia que eu morasse perto dele.
Caso eu precisasse de ajuda.

Eu me senti dividida.
Por um lado, nunca havia amado ninguém tanto quanto amava Byron.
Além disso, além de Grace e Olivia, ele era tudo que eu tinha.

Por outro lado, eu queria que ele fosse comido vivo por formigas.

◇

Minha mobilidade limitada não facilitou em nada a busca.
As escadas eram minhas maiores inimigas.

Vimos alguns anúncios. Nada parecia bom.

Byron sugeriu um lugar.
Era perto e acessível.
Mas também meio ruim.
Havia vários obstáculos em que eu poderia esbarrar.

Tropecei várias vezes quando fui conhecê-lo.
Minha mãe ficou muito chateada.
Byron pareceu constrangido.

Encontrei um apartamento muito bom.
Localização fabulosa.
Dois quartos grandes e bem iluminados.
Totalmente mobiliado.

Um pouco mais caro.
Mas adorei.

Menos de seis minutos até a praia.
Menos de dez minutos da casa de Byron.

Era estranho dizer "a casa de Byron".

◇

Fechei o contrato, mas houve alguns problemas em relação aos prazos.
A data planejada para a mudança e a reserva do hotel não coincidiam.
Estávamos em uma situação difícil.

Byron ofereceu ajuda.

Em uma estranha reviravolta, eu e minha mãe ficamos no apartamento dele.
Dividimos a cama do quarto de hóspedes.
Por seis dias e seis noites.

Byron fez de tudo para que nos sentíssemos em casa.
Mas aquela *era* minha casa, então... sabe como é.
Foi surreal.

Não foi um Natal muito bom.

Não fui convidada para comemorar com a família de Byron.
Obviamente.

Minha mãe montou uma árvore de Natal em meu novo apartamento para me animar um pouco.

Na antevéspera do Natal, almocei com Grace e Olivia em um pub.

Depois, elas foram à minha nova casa para trocarmos presentes e abraços.

Foi muito importante para mim e para minha mãe.

Dei a cada uma de minhas melhores amigas um lindo pijama.
Eu havia me tornado uma espécie de especialista em pijamas.
Pergunte a qualquer pessoa.

Minha mãe aceitou o convite surpresa de Byron para nos levar às compras de Natal.
Ele nos convidou para jantar em seu apartamento no dia 24.
Meu coração ficou um pouco baqueado.

Pelo menos, eu e Byron não preparamos a ceia de Natal juntos.
Ele encomendou a comida.

Estava uma delícia.

Éramos só nós três.
Foi estranho, mas não desagradável.
Conversamos, rimos.
Para falar a verdade, foi muito agradável.

Byron me deu um par de brincos.
Além da máquina de café que eu queria para a festa de inauguração da casa e que nunca tive.
Ele sabia como eu gostava de começar o dia.

Minha mãe me deu óculos de sol.

Idênticos aos óculos que haviam se transformado em cacos e pó quando a viatura me atropelou.

Dei à minha mãe um vestido de linho branco que ela havia escolhido.
Perfeito para caminhadas na praia.

Eu e minha mãe demos um short para Byron.
Ele tinha pernas bonitas.

No dia 25, eu e minha mãe tivemos um segundo jantar juntas em um restaurante local.

Não foi grande coisa, como costumam ser as festas de fim de ano.
Mas foi legal.

Éramos gratas uma pela outra.

◇

Eu tinha passado os três últimos Anos-Novos com Byron.
Duas festas memoráveis.
Uma na África do Sul.
Uma no Brasil.
Embora eu tivesse dormido no nosso último réveillon, na Espanha.

Naquele ano, Byron subiria a costa até Northern Rivers.
Com todos os seus amigos. Meus ex-amigos.
Eles comemorariam o Ano-Novo em grande estilo.

Era uma loucura da minha parte, mas queria muito ir com ele.

Tinha certeza de que alguém convidaria eu e minha mãe para uma festa em Sydney.
Quem sabe um jantar.
Com bebidas e petiscos. Alguma coisa. Qualquer coisa.
Mas não.

Estávamos sozinhas.

Minha mãe foi para a cama às nove.
Eu fiquei acordada, abraçada a uma almofada do sofá.

Assistindo pela televisão aos famosos fogos de artifício de Sydney, lançados à meia-noite.
Foi um pouco triste.
Não, foi muito triste.

Sem dúvida, o terceiro pior Ano-Novo que já vivi.
Depois do que quando passei a noite presa em um barco sem banheiro.

E, é claro, depois do réveillon do ano anterior, quando eu estava em coma.
Usando uma fralda suja.

O 1º de janeiro estava nublado.
A praia, estranhamente vazia.

Minha mãe disse para eu dar um mergulho no mar.
Deixar as ondas levarem embora um ano ruim.
Começar do zero.

Foi uma sensação boa.

33.

Pelo que eu tinha entendido, nosso plano original de repatriação era: minha mãe me levaria até Byron.
Passaria algumas semanas com a gente, desfrutando a hospitalidade australiana enquanto eu me adaptava à minha nova rotina de reabilitação.
Em seguida, ela pegaria um avião de volta para o Brasil, bronzeada e serena.

Minha mãe acabou passando quase quatro meses em um hotel.
Outros dois no meu novo apartamento.

Isso sem contar o ano anterior, grudada à cabeceira da minha cama.
Em Barcelona.
Em Curitiba.
Em Caxias do Sul.

Ela colocou toda a sua vida de lado por mim.

◇

Meu dia a dia era muito simples, mas era tudo com que eu podia lidar.
E eu conseguia lidar com tudo.
Estava de pé novamente.
Provando que era capaz de cuidar de mim mesma.

Informei à minha mãe que achava que era hora de recomeçar minha vida adulta.
Queria voltar a ser uma mulher solteira e independente.

Minha mãe sabia que esse dia chegaria.

Torcia e rezava para que chegasse.
E temia também.

Conversamos sobre todos os possíveis cenários críticos.
Ela se certificou três vezes de que eu tinha consciência do que estava fazendo.
De que eu tinha tudo de que poderia precisar.
Então pegou um avião de volta para casa.

Pensou em mim o voo inteiro.

Depois de quase um ano e meio sendo cuidada e protegida, gostei da sensação de seguir sozinha.

Mas mesmo assim sentia falta da minha mãe.

Terrivelmente.

34.

Quando minha vida era perfeita, o mundo parecia perfeito.
Quebrada, eu enxergava o mundo como ele era.

Agora eu estava mais devagar.
Devagar o suficiente para perceber as coisas.

Bondi parecia diferente, me dava uma sensação diferente.

Ainda pitoresca, ainda vibrante.
Mas não tão receptiva.
Não tão limpa.
Não tão segura.

A máscara da cidade havia caído.
Rachaduras agora eram visíveis à luz do dia.
E nas sombras.

Dava para ver a cicatriz que ligava ricos e pobres, endinheirados e gente comum.

As pessoas bonitas que, para mim, antes eram a alma daquela dinâmica cidade praiana, que eu queria imitar, agora pareciam extremamente superficiais.

Rasas.
Apressadas, sem lugar para onde ir.

Nunca fui cega para as pessoas que faziam o mundo funcionar.
Mas agora elas eram as únicas que me viam.

Vendedores, garis, funcionários da prefeitura.
Pessoas boas trabalhando duro e sem reconhecimento, mas com um sorriso no rosto.
Eu as amava por isso.

Quando se tem tão poucos amigos, cada sorriso importa.
Cada mão amiga é um gesto de bondade.

◇

Minha vida social cada vez menor migrou para as redes sociais.
Para a surpresa de ninguém, minha mente fraturada também não prosperou on-line.

Em grande parte das vezes, minhas postagens eram confusas.
Muito focadas em mim mesma.
Uma mistura desagradável de grandiosidade e hostilidade gratuita.

Repetitivas.
Tão repetitivas.

Eu não conseguia compreender a sutil política da amizade.
Tinha dificuldade de sentir o ambiente.
Era irritadiça, esquentada.
Levava muitas coisas para o lado errado.
Ficava chateada. TUDO EM MAIÚSCULAS.

E era frequentemente acusada do maior pecado de todos.
Dizer a verdade às pessoas, sem filtros.

Virtualmente ou não, minha versão danificada não era a melhor companhia.
Eu entendia.

Mas estava tentando.
Estava mesmo.

35.

Haters nunca dormem.
As mensagens anônimas não paravam de chegar.

> **Linda Caroline... Seus amigos Byron e Olivia estão juntos. Já estavam na época em que você estava no Brasil e continuaram desde que você voltou para a Austrália. O Byron também namorou durante meses uma garota chamada Carla, no ano passado. Ele disse a todos em janeiro que vocês tinham terminado, então achamos que o fato de ele estar com outras mulheres era normal, mas agora que vejo suas postagens e fotos de todas as mensagens dele dizendo "eu te amo", não acredito mais nele. ☹☹☹**

Minha mãe também recebeu mensagens anônimas.
Em inglês e português.

> **Todos os amigos do Byron acham que foi um grande erro a Caroline ter voltado para a Austrália.**

◇

Ainda bem que Grace existe.
Ela passou na minha casa para ver se eu estava bem.
Perguntei a ela sobre as mensagens que eu havia recebido.

Olivia e Byron estavam realmente juntos enquanto eu estava no hospital? Estavam juntos naquele momento?

Grace achava que provavelmente era verdade.
Não tinha certeza.

Não. Eu não conseguia acreditar.
Olivia não faria aquilo comigo.

Eu estava determinada a não deixar que as fofocas daqueles desocupados arruinassem meu aniversário.
Era a única coisa que eu tinha para esperar.

◇

Eu queria causar.

Após o êxodo em massa no campo das amizades, depois da festa de boas-vindas e do meu término com Byron, queria que todos soubessem que eu ainda estava viva.
Que eu estava ficando melhor a cada dia.
Que eu era digna da amizade deles.
Que eu poderia ser divertida outra vez.

Decidi organizar um jantar no Eden, um restaurante vegano ao ar livre de cair o queixo perto da minha casa.
Convidei todos os meus conhecidos e disse a eles que convidassem todos os seus conhecidos.
E estou falando de todos mesmo.
Ex-colegas de trabalho.
Antigos colegas de quarto.
Byron e todos os nossos amigos em comum.
Incluindo Margo.

Até mesmo os homens que me criticaram abertamente no grupo de WhatsApp.
Queria dar a todos uma segunda chance de serem meus amigos.

Queria que todos me dessem uma segunda chance.

◇

Àquela altura, todo mundo sabia que eu e Byron havíamos terminado.
E não era mais segredo que ele tinha saído com outra pessoa enquanto eu estava no hospital.
Amigos e familiares haviam visto as mensagens maldosas que eu recebera.

Minhas duas fiéis amigas não gostaram nada, nada daquilo.

Grace e Olivia me disseram que não iriam à festa se os amigos de Byron estivessem lá.
Fizemos planos para comemorar entre nós.

◇

Catorze pessoas aceitaram meu convite.
Não foi uma grande porcentagem de confirmados, mas fiquei entusiasmada.

Uma amiga brasileira da minha tia trabalhava na Zimmermann.
Ela me ajudou a encontrar um vestido lindo com 50% de desconto.

Meu jantar estava realmente ganhando forma.

Então, alguns dias antes do meu aniversário, começou a chover.
E não parou mais.

Um aguaceiro caiu do céu.
Estradas e pontes foram interditadas.
Casas estavam inundando.
Para alguém como eu, com mobilidade limitada e dependente de outras pessoas, era assustador.

A gerente do Eden entrou em contato comigo.

Ela se desculpou, mas disse que teriam que fechar o restaurante.
Em apenas 48 horas, a área ao ar livre havia se transformado em uma grande piscina.
No entanto, ela me garantiu que manteria a cozinha aberta.
A comida seria entregue na minha casa, sob chuva torrencial, se necessário.
Será que eu queria seguir com os planos de fazer um jantar de aniversário?

Pode apostar que sim.
Dane-se o dilúvio.

◇

Eu não tinha certeza se alguém apareceria depois que mudei o local do jantar para meu modesto apartamento.

Treze convidados enfrentaram o mau tempo.
Só Deus sabe onde eles estacionaram.

Os bueiros estavam transbordando.
Dava para fazer rafting na maior parte das ruas de Bondi.

Talvez não tenha sido a melhor festa de todos os tempos.
Mas significou muito para mim.
Os convidados eram divertidos.
A comida estava incrível.
E meu vestido era de arrasar.

Eu estava muito grata.

◇

No dia seguinte, foi meu aniversário de fato.
Voltei ao Yulli's para almoçar com Grace e Olivia.
Foi maravilhoso, mesmo sem Taika Waititi e Natalie Portman.

Só que Olivia não apareceu.

36.

Após o triunfante jantar de aniversário, tive esperança de retomar minha vida social.
Esperança demais.

Seguia sem contato social regular com ninguém, além de Grace e Byron.

Nem sei se daria para descrever minhas interações com Byron como sociais.
Era mais uma dinâmica de amor/ ódio/ gostar/ desgostar/ dívida de gratidão/ anjo da guarda ressentido.

Era cada vez mais difícil ver Olivia.
Trocávamos mensagens de vez em quando, mas nunca parecíamos estar no mesmo lugar ao mesmo tempo.
Por respeito à nossa amizade, não mencionei os rumores de que ela e Byron haviam saído.
Queria dar a ela o benefício da dúvida.
Mas o fato de ela estar me evitando...

A maioria dos meus antigos amigos e colegas simplesmente me cortou.
Outros usaram a pandemia como desculpa para me manter longe.
Mas, para muitos, a culpa não era de ninguém.
Apenas vida, trabalho e distância.
Todos tinham seus próprios planos, seus próprios problemas.

Eu ficara ausente por um ano.
As pessoas haviam se mudado, trocado de emprego, se casado.
Formado família.
Seguido em frente.

Sem mim.

Laura, minha colega de trabalho neozelandesa, voltou para a Nova Zelândia enquanto eu estava no Brasil.
Na época, eu não sabia como me reaproximar dela.
Seria muito bom ter uma amiga como ela.

◇

Eu me sentia solitária.
Precisava de companhia.
Alguém em quem me aconchegar depois de um dia doloroso na fisioterapia.

Pensei em adotar um gato.

Quando contei a Byron, ele me tratou feito uma criança.
Disse que eu não estava pronta para ter um animal de estimação.
Eu mal conseguia cuidar de mim mesma, quanto mais de outro ser vivo.
Ele me lembrou, de forma um pouco grosseira, que eu não conseguia nem mesmo ferver água sem pôr minha vida em risco.
Eu já havia ateado fogo em uma panela elétrica com trava de segurança.
Por esse motivo, eu tinha passado a receber refeições pré-cozidas pelo Plano Nacional de Assistência a Pessoas com Deficiência.
Byron tinha certeza de que eles não forneceriam ração para gatos.

– Você definitivamente não deveria adotar um gato – insistiu ele.

Adotei mesmo assim.
Foi a melhor decisão de todas.

Sundy era exatamente o que eu precisava.
E gosto de pensar que eu era exatamente o que ela precisava também.

Uma gata de pelagem mesclada.
Sundy era gentil e carinhosa.
A criatura mais criativa e espontânea que já vi em termos de sono.
Ela podia cochilar em qualquer lugar, a qualquer hora.
Esticada, enrolada, em cima de qualquer superfície quente, com uma languidez ao estilo Dalí.
Espremida no fundo de qualquer recipiente como um bolo que deu errado.

Eu estava muito feliz por ter uma amiga afetuosa que nunca me julgava nem criticava.
Os importunadores da internet que tudo veem não deixaram barato.
E avisaram minha mãe.

> **Olá. Acho que você devia começar a ajudar sua filha deficiente, como uma mãe de verdade, em vez de abandoná-la na Austrália, sem amigos, apenas com um gato de rua sujo como companhia.**

◇

A COLEGA DE QUARTO

No meio do ano chegou o inverno, e os protocolos cada vez mais severos de lockdown na Austrália me deixaram extremamente isolada.

Minha mãe concordou com a sugestão de Byron de que eu deveria arrumar uma colega de quarto.
Byron e Grace me ofereceram ajuda para encontrar alguém que, em troca de um aluguel reduzido, estivesse disposto a ser uma espécie de acompanhante.

Alguém amigável.
Alguém com quem conversar.
Alguém que me oferecesse ajuda de vez em quando.

Grace encontrou a colega de quarto perfeita.
Uma garota chamada Paloma.
Ela era alguns anos mais nova do que eu.
Inteligente, cheia de energia.
Trabalhava em casa.

Além disso, brasileira. E bilíngue.
O que ajudava muito.

Sundy também a amou.

◇

Desde o acidente, eu tinha questões com limites.

Eu estava muito feliz por ter alguém com quem sair, mas me sentia culpada por Paloma ser como que uma amiga encomendada.

No início, foi maravilhoso.

Eu e Paloma tomávamos café juntas.
Íamos à academia juntas.
Às vezes, jantávamos e assistíamos TV com Sundy.

O confinamento levou muitos colegas de quarto e até mesmo pessoas casadas a uma situação insustentável.
Mas a minha relação com Paloma chegou lá mais rápido.

Além de ser grudenta, eu tinha a maturidade emocional de uma criança de 8 anos.
Também sofria de alterações de humor.
Era horrível para mim e para as pessoas ao meu redor.
Mas bastante normal para alguém que passou por uma lesão cerebral traumática. Principalmente durante os primeiros anos de recuperação.

◇

Assim como acontece com a maioria das pessoas com lesões cerebrais, a depressão, a dor e a insônia eram batalhas constantes para mim.

Eu estava tomando um antidepressivo chamado venlafaxina para aliviar a nevralgia, melhorar o humor e ter uma noite melhor.

Um efeito colateral negativo da venlafaxina que experimentei foi uma maior propensão a explosões emocionais.

Eu ficava com raiva quando estava chateada ou me sentia confusa ou ameaçada.

Durante essas explosões, não dava para confiar nas minhas decisões.
Eu não podia confiar em mim mesma.
Isso preocupava muito minha mãe.

◇

Byron havia concordado em se tornar meu tutor financeiro, usando seu conhecimento profissional para supervisionar meus gastos e minhas economias.
Ele se certificava de que eu pagasse as contas e os impostos, mantivesse um orçamento razoável e não zerasse a conta bancária por um capricho.

Grace me ajudou a abrir uma segunda conta para despesas menores, a fim de eu não ter que correr para Byron sempre que quisesse tomar um café com muffin de chocolate.

Ter seu ex controlando seu dinheiro não é lá muito legal.
Não é uma receita para paz e harmonia.
Sempre que Byron se recusava a me dar o dinheiro que eu pedia ou não liberava uma quantia com rapidez suficiente, eu começava uma intensa discussão unilateral.

Um simples mal-entendido podia levar as coisas ao limite em um piscar de olhos.

Antes de Paloma concordar em se mudar para lá, Byron explicou a ela que as discussões comigo poderiam ficar acaloradas.

Ele a fez prometer que ligaria para ele se eu ficasse destemperada. Com qualquer coisa.
Também lhe explicou como tentar acalmar os ânimos antes que a situação piorasse.

Mas ter conhecimento prévio sobre um vulcão não torna sua erupção menos chocante.

◇

Sempre fiz minhas sessões de fono remotas na sala.

Um dia, Paloma me pediu para passar a fazer isso no meu quarto.
Ela não gostava de ouvir meus ruídos estranhos e meus exercícios vocais em voz alta.

Eu entendia o ponto de vista dela.
Ainda que ficasse meio chateada.
Eu nunca tinha sentido vergonha dos meus exercícios de fono.
Até aquele momento.

Paloma também não gostava da presença da minha cuidadora.
Sentia que seu espaço pessoal estava sendo violado.

Eu não sabia como reagir a isso.
Precisava de ajuda.
Minha cuidadora era essencial para meu bem-estar.

◇

Paloma também estava me tirando do sério.

Ela começou a convidar amigos para o nosso apartamento.
Isso não me incomodava nem um pouco. Eu ficava feliz.
Quanto mais pessoas, melhor.
Além disso, os amigos de Paloma eram maravilhosos – nos dávamos todos bem.
Ou pelo menos era o que eu achava.

Não sei ao certo o que fiz ou disse, mas Paloma fazia questão de não me incluir nessas sociais.

Era muito estranho, na verdade, pois eu geralmente estava a menos de três metros deles.
Até minha gata era convidada.

Paloma começou a ficar emburrada sempre que eu entrava em seu campo de visão.
Ela voltava para o quarto como um polvo tímido.
Ela nunca estava disponível para conversar, que dirá me ajudar com qualquer coisa.

Não parecia que ela estava cumprindo sua parte no acordo.

Sempre que o namorado de Paloma dormia lá às sextas, eles faziam sexo de manhã.
Eu estava com inveja. Admito.
A rejeição de Byron foi apenas o começo.
Fui colocada na prateleira, como freira honorária, graças ao cinto de castidade do capacitismo sexual.

Mas, sinceramente, quem quer acordar com gemidos altos todo sábado?

Certa noite, Byron veio assistir a um filme com a gente.
Eu estava sentada entre Byron e Paloma.
Estávamos todos interagindo.

Em algum momento, Byron e Paloma começaram a bater papo.
Apenas um papo casual.
Eu ainda tinha dificuldade para assistir televisão sem 100% de concentração.
Eu estava me esforçando muito para acompanhar o filme, e as piadinhas deles estavam me atrapalhando.
Em vez de simplesmente pedir que fizessem silêncio ou continuassem a conversa em outro cômodo, perdi a paciência.
Gritei para que eles se calassem.

Byron acalmou os ânimos, mas as coisas nunca mais foram as mesmas depois disso.

Paloma até que era agradável.

Mas passava quase o tempo todo no quarto.
Mudou o horário da academia para que também não nos encontrássemos lá.

Sentindo que nossa relação estava em perigo, tentei fazer as pazes com ela.
Eu a embosquei educadamente quando ela entrou na cozinha para fazer um café.

Perguntei se estava tudo bem entre nós.
Ela ainda estava feliz morando comigo?

Paloma me garantiu que estava tudo bem.
Enquanto conversávamos, ela usou o celular para me enviar o dinheiro referente às duas semanas seguintes de aluguel.
Fiquei aliviada.

Talvez não fôssemos as melhores amigas do mundo.
Mas eu gostava de tê-la por perto.
Queria que as coisas voltassem a ser como eram.

Três horas depois, Paloma me enviou uma mensagem avisando que havia encontrado outro apartamento.

Ela se mudaria em dois dias.
Queria que o dinheiro que acabara de me transferir fosse devolvido imediatamente.
Além da caução de duas semanas.

Fiquei atônita.

Ela tinha mentido para mim.
Eu havia sido traída novamente.

Naquela tarde, chegando em casa, bati à porta do quarto de Paloma.
Só queria perguntar o que estava acontecendo, esclarecer as coisas.

Eu precisava entender o que a havia feito mudar de ideia de repente.
Esperava que pudéssemos conversar.

Mas ela não queria falar comigo.
Quando implorei e depois insisti, ela bateu a porta na minha cara.

Impedi que a porta me atingisse com as mãos e os antebraços.

A conversa se transformou em gritos.

Ela se recusou a dizer o que havia acontecido e começou a gritar que eu fosse embora.
Para onde?
Aquela era minha casa.

Ela começou a me filmar com o celular.
Senti meu rosto ficar vermelho e um nó se formar na minha garganta.
Tudo foi ficando escuro, e comecei a tremer.
Não conseguia mexer os pés.
Eu sabia que estava gritando, mas não sabia o que estava dizendo, ou se estava falando inglês ou português.
Nem mesmo se usava palavras.

Todas as células da minha mente e do meu corpo estavam sobrecarregadas e trêmulas.
Uma efervescência de fúria sombria.

Uma onda de energia que não acabou até que Paloma me empurrou e eu caí de costas no chão com um baque seco.
Meus óculos, mais uma vez, voaram da minha cabeça.

Paloma se trancou no quarto e ligou para a polícia e para Byron.
Nessa ordem.

◇

Byron chegou para tentar controlar a situação.
Mas era tarde demais.
O estrago havia sido feito.

Os policiais assistiram ao vídeo.
Presumo que ela tenha deletado a parte em que me empurrara no chão.

Eu ainda não conseguia falar.
Os policiais aceitaram a explicação de Byron, de que minha lesão cerebral estava por trás daquele ataque verbal acalorado.

No entanto, meu comportamento foi considerado um risco para Paloma.
Recebi uma ordem de restrição temporária.
Eu estava proibida de me aproximar de Paloma e falar com ela.
Tive que sair de casa e ficar longe enquanto ela arrumava suas coisas.

Eu e Sundy nos escondemos no apartamento de Byron como fugitivas.

◇

Eu me senti envergonhada, irritada.
Impotente.

Eu sabia que estava errada.
Minha explosão era imperdoável, inaceitável.
Mas o fato de eu não ter como controlar meus sentimentos era humilhante e terrível.

E achar que não podia mais confiar em ninguém era avassalador.

Tudo que eu queria era fazer novos amigos.
Tudo que fiz foi afastar as pessoas.

Comecei a me perguntar se seria capaz de manter qualquer tipo de amizade.
Se podia ter esperança de encontrar o amor.
Outra vez.

37.

Eu não suportava mais minha vida.
Fiquei chocada ao admitir isso, mas passara a odiar Bondi.

Eu precisava ir para outro lugar.
Qualquer lugar.
Caso contrário, iria explodir.

Byron deixou claro que eu não era capaz de viajar sozinha.
Não era seguro, disse ele.

Segundo Byron, eu caía na rua com frequência, ao entrar e sair dos ônibus, ao descer dos táxis e ao usar escadas de qualquer tipo.
Segundo ele, eu tinha dificuldade para lembrar caminhos.
Não me saía bem sob pressão.
Não me comunicava bem.
Havia sido enganada mais de uma vez por pessoas de má-fé na internet.

Byron estava dizendo a verdade.
A triste verdade.
Eu sabia que ele estava genuinamente preocupado.
Falar essas coisas era sua maneira de expressar amor.

Mas eu estava cansada de me dizerem o que eu era e o que não era.
O que eu podia e o que não podia fazer.

◇

As pessoas ficavam me dizendo que eu estava indo bem.

Que eu deveria estar orgulhosa.
Que eu era uma inspiração para elas.

Mas a triste realidade era que eu havia perdido tudo.
Estava vivendo sozinha.
Fazia todas as minhas refeições sozinha.
Em uma ilha deserta com dois quartos.

O homem com quem eu esperava me casar havia me deixado.
Eu tinha pouca ou nenhuma chance de conhecer alguém novo.
Praticamente não tinha amigos.
Estava sem emprego.
Sem perspectivas.

Eu tinha dificuldades para realizar as tarefas mais básicas.
Não conseguia usar o forno nem o fogão.
Finalmente recuperei minha carteira de motorista, mas não podia dirigir.
Mal conseguia empurrar um carrinho de supermercado sem causar acidentes.

Um dia comum na minha vida exigia um esforço monumental da minha parte e uma grande quantidade de ajuda externa.

Abrir uma lata de ração para minha gata era uma verdadeira conquista.

◇

Quando eu esbarrava com antigos amigos, eles me desejavam felicidades.
Mas, na verdade, estavam desejando que eu me afastasse deles.

E suspeito que até mesmo meus amigos mais próximos estavam desejando algo mais específico e até mais sinistro.

Queriam que eu me recuperasse por completo, o mais rápido possível.
Ou não me recuperasse de forma alguma.

Se minha lesão cerebral fosse totalmente curada, eu ficaria bem.
Tudo voltaria ao normal.
Todos poderiam relaxar e aproveitar a velha Caroline outra vez.
Ela era inteligente, atraente e divertida.

Se minha lesão cerebral continuasse grave e não melhorasse, eu não conheceria minhas reais limitações.
Isso reduziria meus níveis de frustração e tornaria a nova Caroline mais fácil de lidar.

Havia uma zona perigosa que todos queriam que eu evitasse, para o meu bem.
E o deles.
Quase, mas não totalmente, recuperada de minha lesão cerebral. Aquele ponto em que você sabe, com uma clareza amarga, quem você era e tudo que há de errado com você agora.

Muitas pessoas presas nesse cruel inferno de consciência são incapazes de lidar com a frustração e a humilhação advindas da lesão cerebral.
São incapazes de aceitar sua capacidade reduzida de pensamento e ação.
Ficam obcecadas com a paisagem fragmentada da própria mente.
Nesses casos, a probabilidade de acabar com seu sofrimento por meios não naturais aumenta em 400%.

Nos Estados Unidos, onde armas são compradas e vendidas em qualquer esquina, a causa mais comum da morte de pessoas com lesão cerebral como eu é o suicídio por arma de fogo.
Assim como a minha querida amiga Rosana.

Reservei uma passagem para os Estados Unidos.

◇

Ninguém precisava se preocupar, eu não ia me matar.
Embora só Deus saiba quantas vezes desejei estar morta.

Mas eu não queria morrer.
Eu queria alegria e conexão humana.

Novos motivos para viver.

◇

Finalmente cheguei a Orlando.
Realizei meu desejo de infância.
Conheci a Disney.

Minha mãe me encontrou lá, e nos divertimos muito.
Usei orelhas de rato e tudo a que tinha direito.

Eu sonhava com aquele dia desde os 7 anos.
Não conseguia me lembrar dos nomes dos personagens, Mickey, Minnie, Donald e Pateta.
Mas minha criança interior os reconheceu logo de cara.
Eles me fizeram sorrir.

Uma realidade alternativa que finalmente me proporcionou a liberdade para ser feliz.

Para variar, todos estavam iguais a mim.
Ninguém me menosprezou ou julgou minha aparência.
Todo mundo estava lá para se divertir.

Um simpático desconhecido me pediu para tirar uma foto dele e de sua namorada.
Então, ele surpreendeu a nós duas ao pedi-la em casamento.
Eu meio que estraguei o vídeo com toda a minha empolgação.
Mas foi fofo e encantador.

Foi a primeira vez que alguém me pediu ajuda desde o acidente.

Há muito a ser dito sobre abraçarmos nosso senso inato de alegria e encantamento.
E sobre ter fé de que os outros farão o mesmo.

Eu queria muito que a vida real, a vida adulta, fosse feita apenas para nos divertirmos juntos.
E não para ter mais, fazer mais, ser mais.
Para ser perfeito.

38.

Continuei viajando.
Não foi fácil.
Escapei por um triz algumas vezes.
Caí. Mais de uma vez.
Me perdi. Fui roubada.
Alguns dias foram bem difíceis.

Mas parar era mais difícil.

Brasil, Reino Unido, Suíça, Qatar, Portugal.
Eu não tinha ideia do que estava procurando.
Até que cheguei à Espanha.

Decidi concluir a jornada que havia começado com Byron.

◇

Desembarquei em Ibiza.
Fui a shows.
Não era o que eu havia imaginado.
Pela primeira vez em anos, a música não me atraiu.

Anne Elliot de pé nos fundos do salão do baile.

Voltei a Barcelona.
Andei pelas ruas como um fantasma.

Nada daquilo fazia sentido para mim.

Nenhuma sensação foi como eu imaginava.
Como eu esperava.

Não houve encerramento.

Eu me vi na Via Laietana.
Na faixa de pedestres onde uma viatura em alta velocidade havia destruído minha vida.

Não sentia nenhuma conexão com aquele lugar.
E, no entanto, lá estava eu.
Incapaz de atravessar a rua.

Uma viatura parou a alguns metros de mim.
Dois policiais saíram às pressas.
Mas eles não estavam lá por minha causa.

Eles se aproximaram de um homem de mais ou menos 30 anos e começaram a interrogá-lo.
Não consegui entender o que estava acontecendo.
Mas precisava ir embora.

◇

Pedi a um taxista que seguisse minha ambulância fantasma até o hospital.
Onde eu havia passado tantos meses na dor e na escuridão.
Parecia ter sido ontem.
Uma eternidade atrás.

O hospital parecia grande e pequeno ao mesmo tempo.
Nada parecia familiar.
Eu me encontrei com o dr. Gerardo Conesa Bertrán.
O famoso neurocirurgião que havia salvado minha vida.
Ele era gentil e brilhante.
E maravilhoso.

O dr. Conesa tinha cabelo de estrela de cinema.
Fiquei surpresa de minha mãe nunca ter mencionado isso.

Revi Maribel, Christina, Maria e Bárbaro.
Quatro incríveis enfermeiros que cuidaram de mim dia e noite.

Seus corações vibrantes mantiveram o ânimo de minha mãe.

Não reconheci nenhum deles.
Mas isso não os incomodou nem um pouco.

Eles me receberam como uma boa filha que volta para casa.
Me abraçaram sorrindo, dando risada.
Beijaram, beijaram e beijaram minha bochecha.

Pela primeira vez, não fui uma decepção para velhos amigos.

Só pelo fato de estar viva.
Por encontrar meu caminho de volta para eles.
Eu havia superado todas as expectativas.

Eles me deram o presente mais precioso.
Permitiram que eu me visse através de seus olhos.

Eu era um milagre vivo.
A personificação da esperança.
Da vitória contra adversidades avassaladoras.

Eu era o motivo pelo qual eles se levantavam todas as manhãs para fazer seu impossível trabalho.

Foi lindo.
Eu estava linda.

Quis fazer minha mãe se sentir como eu me senti naquele momento.

◇

Ao voltar para Bondi, eu tinha uma missão.

39.

A DETETIVE COM LESÃO NO CÉREBRO

Havia um amontoado confuso de senhas salvas no meu telefone.

Abri meu notebook e tentei cada uma delas.

Demorou.

Muito, muito tempo.

No fim das contas, a senha do meu computador era a palavra *proficiency* – proficiência em inglês – mas escrita com a grafia errada.
Bem apropriado.

◇

O que fazer com essa tela iluminada?
Por onde começar?

Abri o navegador.
Apareceram as últimas pesquisas que eu havia feito antes do acidente.
Oito páginas diferentes sobre o mesmo assunto.

Como ter um orgasmo durante o sexo.

Não era bem isso que eu esperava encontrar.
Liguei para Byron.
Perguntei se eu já havia tido um orgasmo durante o sexo.

Ele disse que sim.
Pelo menos uma vez.
Ele tinha quase certeza.

Pela primeira vez, comecei a questionar nosso relacionamento.
De repente, nossa história não parecia assim tão perfeita.

Li todos os oito artigos.
Em seguida comprei um vibrador.

Bela jogada.

◇

Meu notebook era um manancial de informações.
Extraí detalhes preciosos de uma mina de gigabytes.

Fiz anotações minuciosas sobre tudo.
Tirei fotos de todos.
Voltei para antes de tudo.

◇

Descobri que havia mudado de ideia sobre me tornar engenheira civil.
Que havia feito a transferência para o curso de administração, gerenciamento e operações.
Eu ainda estava construindo coisas importantes com a ajuda da matemática, mas não com concreto e aço.

Também já havia estado na Austrália antes.

Quando estava mudando de curso.
Economizara para poder fazer uma pausa.
Foi quando conversei com meu amigo Marcos.

Foi quando trabalhei na agência de publicidade, onde fui roubada por drogados na sexta-feira anterior ao Dia de Finados.

Olhando para trás, ficou claro que não tinha me divertido muito durante minha primeira visita ao país.
Para cumprir a exigência do visto de estudante, concluí o curso de inglês de Cambridge.
Eu achava que tinha feito essa prova no Brasil, mas tinha sido depois, em Manly. Pareceu uma espécie de piada.
Uma perda de tempo e de dinheiro que eu não tinha.
Sinceramente, minha escola de idiomas baseada em *Friends* era superior em todos os aspectos.

Tudo era muito caro na Austrália em comparação com o Brasil.
Para ganhar o suficiente para me manter em Sydney, trabalhei durante longos turnos como garçonete em um restaurante pequeno e sujo.
Tinha um chefe desprezível.
Sobrevivi à base de junk food.
Engordei horrores.
Minha pele ficou péssima.

E mesmo assim, apesar de tudo, eu amei.
Muito, muito mesmo.

Eu pertencia àquele lugar.
Antes de embarcar de volta para casa, planejei meu retorno.

Quanto mais cedo, melhor.

◇

Em Porto Alegre, eu não tinha descanso.
Emprego em tempo integral, faculdade em tempo integral.

Não cabia mais nada na minha cabeça.

Nada de viagem de formatura, obrigada.
Meu único objetivo era me mudar para a Austrália.

Comecei a trabalhar em uma imobiliária.
Me disseram que era a maneira mais rápida de ganhar dinheiro sem uma arma.

Me tornei corretora.
Eu era boa com números.
Vendia como uma veterana.
Trabalhava sete dias e sete noites por semana.

Eu estava determinada a atingir minha meta impossível em um ano.

Calça preta, blusa branca.
Salto alto.
Sem batom. Sem falar besteiras.
Sempre fechando um contrato.

Eu não esperava me apaixonar.

◇

Joaquim. Esse era o nome dele.

Ele era lindo. Literalmente lindo.
Modelo.
E ninguém faz modelos como o Brasil.

Joaquim também era nerd até não poder mais.
Muito querido. E ambicioso.
Um engenheiro de software que já havia fundado a própria empresa.

Sem tempo para romance.
Zero.
Mas não conseguíamos ficar longe um do outro.

Fui totalmente franca em relação aos meus planos.
Nos intervalos entre os beijos para tomar fôlego.
Em cinco meses, eu pegaria um avião rumo a Sydney.

Nada, nem ninguém, iria me impedir.

◇

O trabalho duro compensa.

Quando chegou a data da viagem, eu havia fechado quase seis milhões de dólares em vendas.
Uma das cinco melhores corretoras de uma empresa nacional.
Meus números eram melhores do que os de profissionais com o dobro da minha idade.
Meu chefe implorou para que eu ficasse.

Mas, apesar de sempre se tratar de dinheiro, nunca foi por causa do dinheiro.

Eu estava indo para a Austrália.

◇

Joaquim não estava pronto para se despedir.
Ele sugeriu que nos casássemos e fôssemos juntos.
Uma loucura. Uma loucura total.

Fizemos isso mesmo assim.

◇

Peraí.
O quê?
Eu tinha sido casada?

Eu tinha sido casada. Caramba!

◇

O "apartamento do meu amigo" em Chippendale, até onde Byron me acompanhou depois do nosso primeiro encontro, era *meu* antigo apartamento, nossa primeira casa, onde meu ex-marido ainda morava.
Lea era nossa gata. Minha gata.

Havíamos decidido que Joaquim ficaria com ela.
Lea era feliz lá.
Além disso, meu novo apartamento compartilhado em Mascot não permitia animais de estimação.

O pequeno Mercedes branco?
Tinha sido o nosso primeiro carro.
Depois que perdi minha carteira de motorista, Joaquim havia me levado a todos os lugares aonde eu precisava ir.

O que acontecera com nós dois?

◇

Nada dramático, apenas o inevitável.
Recém-formados.
Muita paixão, nenhum plano.

Quando trocamos alianças e partimos o bolo, só nos conhecíamos havia alguns meses.
Na época em que estávamos mobiliando o apartamento em Sydney, sabíamos que não éramos compatíveis.
A lua de mel acabou antes do esperado.

Nossas mães deram entrada em Porto Alegre nos papéis do divórcio em nosso nome.
Elas também choraram por nós.

O que me deixou feliz foi o fato de termos continuado amigos depois do divórcio.
Nem uma gota de ressentimento.

Joaquim ficou em Sydney e construiu uma vida maravilhosa.
Eu tinha orgulho dele.
Era grata por sua amizade.

Ele sempre esteve presente na minha vida.
Eu sempre estive presente na dele.
E na da nossa gata.

Ele ainda era importante para mim, mesmo depois de eu ter me apaixonado por Byron.
Havíamos mantido contato. Nos falávamos o tempo todo.

Encontrei uma montanha de e-mails e mensagens antigas de Joaquim.
Seu incentivo foi importante para a criação da No Saints.

Eu valorizava a opinião dele.
Eu valorizava a pessoa que ele era.

Então, por onde ele andava?
Não tinha ouvido falar de Joaquim desde o acidente.

Ele não sabia?
Como poderia não saber?

Se havia um momento em que eu precisava de um rosto amigo, era aquele.

Fiz contato.
Pelo menos tentei. Várias vezes.
Joaquim não atendeu às minhas ligações nem respondeu às minhas mensagens.

Liguei para minha mãe.

Ela ficou tão surpresa que ligou para a mãe de Joaquim a fim de saber se ele estava bem.
Até Byron enviou mensagens para ele dizendo quanto seria importante eu ter notícias dele.

E nada.

Por fim, descobri que Joaquim tinha uma namorada que sentia ciúmes da nossa conexão.
Joaquim pediu à mãe dele que dissesse à minha mãe que não podia mais me ver ou falar comigo.
No entanto, havia feito uma doação generosa para a vaquinha on-line para a minha recuperação.

Lá estava ela novamente.
A falsa compaixão.

Eu precisava de um amigo.
Alguém com quem conversar.
Alguém em quem pudesse confiar.
Eu precisava dele.

Em vez disso, ele passou um cheque.

Tempo não é dinheiro.
Tempo é humanidade.

Eu me odiava por chorar por conta de uma justificativa tão patética.
Por me sentir tão desesperada. Tão desprezada.
Se eu pudesse, teria esmagado o coraçãozinho de Joaquim com uma pinça.

40.

Eu estava escavando meu disco rígido.

Desenterrando cada carta de amor.
Foto após foto.
Rindo, beijando, dançando.
Apaixonada. Apaixonada pela vida.
Tudo que havia dado errado com Joaquim dera certo com Byron.

Cada um tinha sua história.
Tínhamos nossas peculiaridades.

Byron era um pouco hipocondríaco.
Eu era um pouco carente.
Ele era cauteloso; eu, aventureira.
Mas dava certo.

Nós dávamos certo.

◇

Nas fotos do casamento, eu e Joaquim parecíamos perfeitos juntos.
Perfeitos demais.
Como enfeites de bolo.
Adoráveis, mas também, de alguma forma, irreais.
Uma imagem licenciada que aparece em uma pesquisa no Google para "casamento de casal jovem e bonito".

Eu e Byron éramos reais.

Dois adultos.
Com bagagem.
Lúcidos.

Havíamos morado juntos por um ano antes de começarmos a falar sobre casamento.
Nosso relacionamento foi testado no quesito estresse.

Nosso amor tinha pernas.
Íamos longe.

Havia tantas menções doces e sinceras à ideia de casamento.
A começar uma família.

Eu estava pronta para ter filhos com Byron.
Pronta para o que ele quisesse.
Qualquer coisa.

◇

Para dar entrada no pedido de indenização contra o departamento de polícia de Barcelona, meus advogados exigiram que um psicólogo fizesse uma avaliação clínica da minha lesão cerebral.

Eu não sabia por onde começar.

Byron me disse que eu já vinha me consultando com um psicólogo antes do acidente.
Fiquei surpresa. Mesmo assim, anotei as informações.

Dr. Donald Geliebter, em Elizabeth Bay.
Marquei uma consulta.

Quando cheguei ao consultório do dr. Geliebter, ele agiu como se fôssemos velhos amigos.

– Pode me chamar de Don – disse ele.
Eu não me lembrava dele.

Perdi o equilíbrio.
Parecia que Don gostava de me manter ali.

E ele gostava de fazer piadinhas.
Muitas piadinhas.
Sobre minha aparência.
Meu olho torto. A assimetria do meu rosto.
O jeito que eu andava.
Piadas sobre quão pouco havia em minha vida após o acidente.

Doeu.
Tudo aquilo.

Nada do que falamos me fez sentir melhor.
Quando a avaliação clínica foi concluída, enviei o arquivo para os advogados sem abri-lo.
Estava com muito receio de ler e acabar perdendo a fé em mim mesma.

Antes de sair de seu consultório, perguntei a Don sobre minhas consultas anteriores.
Queria saber quando começara a me consultar com ele e por quanto tempo.
Sobre o que havíamos conversado.
Quem me indicou ele e por quê.

Don não quis me contar.
Nem mesmo me disse por que não queria me contar.

Assim que cheguei em casa, comecei a vasculhar meu computador, meu telefone, meus cadernos, meus recibos.
Em busca de pistas.

O dr. Geliebter havia sido recomendado por Margo.

A rainha da desgraça.

Fantástico.

◇

Eu tinha começado a me consultar com Don alguns meses depois de largar meu emprego para trabalhar em tempo integral na No Saints.

Começar uma empresa do zero é difícil.
Eu achava que estava pronta.
Talvez estivesse.
Mas isso não significa que eu sabia no que estava me metendo.

Acontece que Byron não gostou da ideia de eu largar meu emprego.
Achou que eu estava pondo o carro na frente dos bois ao me comprometer com uma startup.
Mas me apoiou.
Mesmo quando meu dinheiro acabou.

Em pouco tempo eu me tornei financeiramente dependente dele.
O que não me deixou nada feliz.

Também me tornei emocionalmente dependente dele.
Odiava passar o tempo todo sozinha em casa.

Trabalhando duro em isolamento.
Esperando que as coisas decolassem.
Exausta. Estressada.

Byron tinha um grande projeto de investimento no outro lado do país.
Trabalhava até tarde quando estava em casa.
Até muito tarde.
E então se ausentava dias a fio.

Fiquei triste. Muito triste.
Comecei a perder o controle.

Minha depressão se manifestou como um buraco negro emocional.
Tateando em busca de positividade e propósito, eu me tornei uma vegana cada vez mais radical.

A razão deu lugar ao extremismo.
Fiquei irritada. Crítica. Fanática.
O tipo de pessoa que jamais quis ser.

Eu e Byron tivemos uma discussão séria.
Eu o acusei de me abandonar.
De nunca estar por perto.
Sempre prometendo voltar para casa e depois quebrando a promessa.

Eu estava me afogando. Queria, precisava que ele priorizasse a mim, a nós, e não o trabalho.

Byron sentia o oposto.
Disse que adorava seu trabalho.
Trabalhar até tarde não era o problema.

O problema era eu.

Ele disse que havia perdido metade dos amigos porque eu exigia que ele voltasse para casa em vez de socializar depois do expediente.

Ele achava que já passávamos tempo demais juntos.
Eu precisava cuidar das minhas coisas.
Se ele tivesse que escolher entre mim e sua carreira, ele escolheria a carreira.
Talvez fosse melhor nos separarmos.

Passei a noite na casa de Grace.

No fim de semana seguinte, nós ainda estávamos à flor da pele.
Brigamos novamente.

Dessa vez, o assunto era formar uma família.
O filho que não tínhamos.

Eu queria criar nossos filhos veganos.
Byron estava aberto a isso, mas queria que fosse flexível.
Ele lembrava com carinho da sua infância, quando ia pescar com o pai, e queria fazer o mesmo com nossos filhos um dia.

Eu não suportava a ideia de matar um peixe.
Matar qualquer animal por diversão.
Também fiquei furiosa com o fato de Byron não ter lido nenhuma das pesquisas sobre os benefícios para a saúde de uma dieta vegana, em especial para crianças pequenas.

Gritos. Lágrimas.

Passei aquela noite com Olivia.

◇

Parecia que eu e Byron tínhamos chegado ao fim da linha.
Mas, de alguma forma, nos reaproximamos.

Conversamos.
Não queríamos nos separar.

Ainda nos amávamos.

◇

Li as anotações detalhadas em meu diário.
Tão distantes e astutas quanto as Escrituras Sagradas.

Os prós e os contras do nosso relacionamento.
Eu precisava ter certeza de que eu e Byron éramos compatíveis.

Eu havia confidenciado a Grace que, por mais que amasse Byron, estava disposta a me separar se não conseguíssemos chegar a um meio-termo em relação aos valores fundamentais que serviriam de base para nossa vida juntos.
Para nossa própria família.

Eu precisava saber que ele estaria sempre do meu lado.

◇

Byron tentou ficar mais tempo em casa.
Fazer com que passássemos mais tempo juntos.
Nos colocar em primeiro lugar.

Eu também nos coloquei em primeiro lugar.
Admiti o que sentia.

Procurei ajuda profissional para lidar com o estresse, a ansiedade e a depressão.

Com o tempo, percebi que havia transformado o veganismo em uma religião.
Havia transformado algo gentil, bondoso e amoroso em uma arma.
Para me manter de pé quando me sentia impotente e sem esperança.
Para me distanciar da raiva e do medo que sentia.

Ter consciência de si mesmo às vezes tem um gosto amargo.
É humilhante.
Mas também é um aprendizado.
Eu queria ser mais forte.
Queria amar melhor os outros.

Amar melhor a mim mesma.

◇

Alguns meses antes de nossa viagem à Europa, eu e Byron reiteramos nosso compromisso.
Nós íamos fazer dar certo.

De certa forma, nossas férias de verão eram um novo começo.
Um prelúdio da lua de mel.

41.

Encontrei uma caixa cheia de recibos e faturas.

Continuei fuçando, até que achei algo que me fez perder o chão.
Um recibo hospitalar de interrupção de gravidez.

Poucas semanas antes de começarmos a brigar.
Eu havia feito um aborto.

◇

Eu não estava entendendo.

Eu e Byron queríamos ter um filho.
Filhos, no plural.

Ou não?

Toda vida era sagrada para mim.
Como aquilo era possível?
Por que eu iria...

Minha mãe foi forte o suficiente para ser mãe solteira.
Eu não era?

Minha vida estava em risco?
Meu bebê estava morrendo, já estava morto?
O que poderia ter me levado a fazer essa escolha?

Quando tudo que eu queria, o que nós queríamos, era formar uma família juntos.
Cheia de vida e amor.

Eu precisava ligar para Byron.
Perguntar o que havia acontecido.
Mas não liguei.

Nunca perguntei.

Não para poupar os sentimentos dele.
Mas porque os sentimentos dele não importavam.

As mulheres carregam sozinhas o ônus de uma gravidez.
E todas as consequências da perda dela.
Físicas, emocionais e espirituais.

Se for um crime, os homens são considerados inocentes.
Se for um trágico acidente da natureza, as mulheres são julgadas.
Elas não recebem consolo algum.

Culpadas por negligência.
Culpadas por descuido.
Culpadas por não terem coração.
Culpadas pelo controle sobre nossos próprios corpos.

Mas a intensa agonia daquela descoberta naquele momento.
Em um momento em que eu mal conseguia cuidar de mim mesma.
Muito menos de uma preciosa criança.

Saber que a maternidade não era mais um sonho que eu podia realizar.

Busquei consolo em promessas vazias.
Dizendo a mim mesma que ainda poderia ter uma família.
Ainda havia chances.

Tinha que haver.

Se eu continuasse melhorando, um dia eu poderia adotar.
Será que eles me deixariam adotar?
Não um bebê, talvez.
Uma criança mais velha.
Será que deixariam?

Mas a ferida era muito profunda.

Ninguém mais sabia nem se importava.
Apenas eu lamentei minha perda esquecida.
Apenas eu estava presente para oferecer pêsames ao meu antigo eu.

O que ela deve ter sofrido.
Gostaria de poder abraçá-la.

Por onde eu poderia começar a lhe contar que outra tragédia transformaria aquela terrível perda em uma bênção?
Que ser uma mulher sem filhos era muito melhor do que ser uma criança sem mãe?

Como ela poderia compreender o horror que se seguiria?

Eu tinha uma vaga lembrança de ter ficado absurdamente bêbada na noite anterior ao aborto.

◇

A percepção inicial era de que minha depressão e minha ansiedade não se deviam apenas à solidão.
Ou a estar sobrecarregada com meu novo negócio.
Havia questões muito mais sérias em jogo.

Meu corpo ainda estava convalescendo.

Meu coração estava sofrendo.

Acordar desse pesadelo despertou sentimentos de dor, arrependimento e incerteza.
Mas, no fim das contas, uma compreensão profunda.

A epifania pôs tudo que eu e Byron vínhamos discutindo sob uma nova luz.
Mais severa, sim.
E mais suave.

◇

Uma tristeza sem tamanho. Como não podia deixar de ser.
Pelo que aconteceu e pelo que poderia ter acontecido.
Mas também gratidão.

Gratidão por estar em um país moderno como a Austrália.
Onde abortos são seguros, legais e confidenciais.

Mas eu não percorreria aquele caminho duas vezes.
Não ligaria para Byron, nem para ninguém, para me ajudar a reviver aquele dia.

Pelo meu próprio bem.

Não porque duvidava da minha decisão.
Muito pelo contrário.
Eu confiava em mim mesma.
Nas escolhas que havia feito.

Pus o recibo de volta no lugar.
Fechei a caixa.

42.

Ninguém sabe como o cérebro humano funciona.
Mas eu sei qual é a sensação quando ele não está funcionando direito.

Incapacidade de controlar impulsos e novas ideias.
Lacunas de memória.
Pensamentos e impressões aleatórias catalogadas sem contexto ou prioridade.

Detalhes simples e cruciais pairando fora do alcance.
Como partículas de poeira dançando na luz do sol.

◇

Quando meu cérebro começou a se restabelecer, passei a ter sonhos vívidos e cheios de detalhes.
Velhos amigos, ex-colegas de trabalho, manchetes de notícias.
Tudo era tão claro, tão real.
Cores nítidas e foco além das bordas da memória.

Vi David outra vez.
Recuperando-se do derrame na cama de hospital.
Eu estava lá, em seu quarto.

Acordada, sem olfato, mas no meu sonho o cheiro de desinfetante hospitalar era sufocante.
A amônia penetrava minhas narinas e fazia minhas pálpebras tremerem.

◇

Uma noite, presenciei um assassinato.

Uma jovem brasileira, Cecília.
Cabelos longos e escuros, sorriso bonito.
Surpreendida em seu próprio apartamento.
Terror e raiva.
O ex-namorado enforcando-a, apertando seu delicado pescoço.
Pedras enfiadas nos bolsos de sua roupa para que o peso a afundasse.
Seu corpo sem vida flutuando em uma corrente salobra em direção ao porto de Sydney.
O assassino fugiu para o Rio de Janeiro.

No dia seguinte, liguei para Grace.
Ela me disse que não era uma previsão, nem um filme.
Aquilo realmente tinha acontecido, em 2018.
Tudo aquilo.
Exatamente como descrevi.

O assassino havia sido preso pela polícia no Rio de Janeiro, escondido na casa de parentes.

◇

Olivia conhecia a vítima.
Tinham até trabalhado juntas.

Todos frequentávamos praticamente os mesmos círculos.
O escritório de Cecília ficava a poucas quadras do meu.

Grace me disse que, na época, eu, ela e Olivia havíamos conversado muito sobre aquele crime terrível.

Liguei para Olivia para perguntar sobre Cecília.
Não tive resposta.
Aparentemente, ela ainda estava me evitando.

Mas o fato de meu cérebro ter acabado de exibir essa memória em alta definição enquanto eu dormia pareceu muito estranho.
Eu preferia pensar, eu esperava, que fosse um efeito colateral de axônios rompidos encontrando novos jeitos de se reconectarem com memórias isoladas.

Meu cérebro estava lenta e irrefreavelmente se reconectando.

⚡

Houve outros efeitos colaterais.
Alguns eram aterrorizantes.

Eu morava sozinha naquela época.
Pela primeira vez em dez anos.
Desde antes de me casar com Joaquim.

Em uma sexta-feira à noite, uma bomba silenciosa explodiu na minha cabeça.

Senti uma dor lancinante.
Começando entre meus olhos, avançando para dentro.
Para algum lugar no fundo do crânio.
Intensa e vertiginosa.
Caí no chão em agonia.

Mal conseguia enxergar.
Ou falar.
Tateava às cegas em busca do celular.
Liguei para minha mãe.
Não fazia ideia de que horas eram em Caxias do Sul, se era dia ou noite.

Não conseguia explicar exatamente o que estava acontecendo, mas precisava de ajuda.

◇

Minha mãe ligou para as três únicas pessoas na Austrália com quem acreditava que eu poderia contar.

Olivia. Não atendeu.
Byron. Viajando.
Grace. Pediu desculpas, mas não poderia ir.

Minha mãe ficou fora de si.
Eu e ela estávamos pensando a mesma coisa.
Felícia.
Eu tinha exatamente os mesmos sintomas de Felícia.

Eu não queria morrer na frente da minha gata.

Cambaleei até o quarto, me deitei na cama em posição fetal e desmaiei.
Dormi o dia inteiro.

A dor de cabeça era tão forte que eu mal conseguia me mexer.
Não conseguia nem atender ao telefone.
Nas duas vezes que tentei comer ou beber alguma coisa, vomitei.
Imediatamente.

Só consigo imaginar como aquilo foi angustiante para minha mãe.
Ela ficava ligando para saber como eu estava, mas eu não conseguia nem segurar o telefone.
Mandou milhares de mensagens a meus três amigos mais próximos pedindo ajuda.
Ninguém respondeu.

Byron finalmente recebeu as mensagens de minha mãe.
Ele cancelou os planos para o fim de semana e voltou antes.
Depois de entrar no meu apartamento, ele me ajudou a tomar um açaí e me levou ao pronto-socorro mais próximo.

◇

Não era um aneurisma.
Que alívio.

Mas eu poderia esperar mais dessas enxaquecas debilitantes.

As áreas lesionadas em meu cérebro haviam se tornado hipersensíveis. Quando acionadas, emitiam sinais de dor que eram amplificados por outras partes do cérebro.

Parecia um monstro com garras compridas e ardentes arrancando o que havia dentro do meu crânio.
Me receitaram analgésicos fortíssimos.
Outros remédios reduziriam a frequência e a intensidade daquelas enxaquecas horríveis.
Mas não havia nada que pudesse impedi-las por completo.

O monstro não iria embora.

43.

Fazia séculos que eu não via Olivia.

Ela não me convidou para sua festa de aniversário.
Mas, na época, por conta da pandemia, os eventos sociais foram reduzidos por motivos de segurança.

Além disso, ninguém me convidava mais para festas.

Mesmo assim, comprei um presente de aniversário para ela.
Combinamos de nos encontrar.
Mas ela deu para trás.
Mais de uma vez.

Quando finalmente nos encontramos para almoçar, ficou claro que Olivia não queria estar lá.
Ela aceitou meu presente educadamente.
Mas não comeu, falou muito pouco e foi embora cedo.

◇

Naquela noite, conversei com Grace e lhe contei sobre o almoço que não aconteceu.

Olivia era a pessoa que supostamente havia dormido com meu namorado enquanto eu estava no hospital.
Eu tinha deixado isso de lado em nome de nossa amizade.
Por que ela estava sendo tão cruel comigo então?

Grace disse que falaria com Olivia e resolveria as coisas.

Não sei exatamente o que aconteceu depois disso.
Ou o que Grace disse.
Mas Olivia me bloqueou.
Não falou mais comigo. Nunca mais.

◇

A lesão cerebral traumática é uma deficiência invisível.

De acordo com os manuais médicos, as consequências mais graves são perda da função motora, função cognitiva prejudicada, compreensão limitada, volatilidade emocional e fala arrastada.
Tudo isso é verdade.

Mas, na minha experiência, o maior dano de uma lesão cerebral são as amizades.
O sintoma determinante é a solidão.

Assim que voltei para casa, vi meus amigos me abandonarem.
Um a um.

◇

Byron finalmente admitiu que havia tido um caso.

Não disse o nome da mulher, ou das mulheres, mas pediu desculpas por ter me magoado e pelas mensagens perturbadoras que eu e minha mãe havíamos recebido.

Ele confessou que tinha começado a sair com alguém, a dormir com alguém, depois que voltou para Sydney.
Depois da última vez que me visitou na Espanha.
No Natal.

Quando ele disse à mulher que não podia ficar com ela porque ainda estava emocionalmente envolvido comigo, ela ficou furiosa.
Foi quando, irritada, ela começou a enviar mensagens para mim e minha mãe.
Em determinado momento, para toda a nossa família.
Ridículo.

Em sua cabeça, Byron acreditava que nosso relacionamento havia chegado ao fim em Barcelona.
A mulher que ele amava não existia mais.
Nosso futuro juntos também não.

Foi isso que ele disse a si mesmo.
Foi isso que ele disse aos amigos.

E às novas amantes.

◇

Eu estava ferida.
Irritada também.
Furiosa.
Com a traição de Byron.
E com a ideia de que eu estava morta para ele, mesmo estando viva.

Não foi fácil para mim. Afinal, não tinha se passado tanto tempo assim.

Mas.
Eu o perdoei.

◇

Byron havia sofrido comigo.
Ele não era mais a mesma pessoa que era antes de Barcelona.
Não mais.

Meu acidente também o despedaçara.

Ele havia sofrido muitos traumas.
Eu sabia disso.
E assumia alguma responsabilidade por isso.

Eu também entendia sua dor.
Muito melhor do que ele entendia a minha.

Byron havia transformado meu coração em uma poça vermelha ao pisar nele.
Mas também havia me apoiado de verdade desde que eu voltara para casa em Bondi.

Eu odiava que sentissem pena de mim.
Ser tratada como uma criança disfuncional.
Em especial por alguém com quem esperava me casar e ter uma família.

Mas, além de minha mãe, ninguém havia feito tanto quanto Byron para me ajudar a lidar com a vida pós-acidente.

Ele me incentivava.
Me protegia.
Me defendia das minhas próprias críticas.
Me levava para fazer compras e garantia que eu tivesse tudo de que precisava.
Explicava e reexplicava inúmeras coisas que eu havia esquecido.
Era meu faz-tudo e meu contato de emergência mais próximo.
Ele se certificava de que meu dinheiro estivesse bem guardado e de que minhas contas fossem pagas.
Lutara por justiça em meu nome.

Até deixou que eu mantivesse meu escritório em seu apartamento.

Byron era o único que me procurava para saber como eu estava.
Era o único que me fazia companhia.
O único que perdoou minhas gafes embaraçosas e minhas explosões de raiva.

E não pediu nada em troca.

Byron fez tudo isso por amor.
Ou talvez culpa.
Será que ele estava apenas se punindo?
Jamais saberei.
Mas ele tinha sido minha fortaleza.

Eu queria muito esquecê-lo.
Mas era tão grata por tê-lo em minha vida.

Seus amigos do mercado financeiro estavam certos, pelo menos uma vez.
Byron era um santo.
Ainda que imperfeito.
Ele merecia minha simpatia e minha gratidão.

Mais importante ainda, minha primeira impressão estava correta.
Byron era um homem bom.
Um homem muito bom.

Apenas não era o homem certo para mim.

44.

Eu também sabia como era a sensação de desejar o conforto e o prazer do toque humano.
Especialmente quando se está em sofrimento emocional.
Sentindo-se sozinha. Abandonada.
Invisível.

Uma das psicólogas da reabilitação, uma terapeuta sexual, me perguntou sobre meus objetivos românticos.
Meus desejos sexuais.
Respondi da melhor maneira possível.

Sim. Eu gostaria de conhecer alguém especial.
Sim. Estava aberta a um relacionamento sério.
Sim. Sentia falta de intimidade física.

Mas quando ela começou a perguntar sobre como seria meu parceiro ideal e meu futuro relacionamento, a grande verdade foi revelada.

Eu queria tudo que havia perdido.
Queria conhecer outro Byron.

◇

Restrições por conta da pandemia, mobilidade limitada, dificuldade de comunicação.
Redes sociais desertas.
Conhecer pessoas era difícil.

Encontrar o amor, então, quase impossível.

Tentei aplicativos de namoro.
Já haviam dado certo antes.

Olhar as vitrines on-line do amor era uma maneira divertida de passar o tempo sem ninguém por perto.
Conversar com homens com que jamais me encontraria, muito menos namoraria.

No fim das contas, aquela atividade fútil serviu como aulas de inglês.

Minha ortografia e minha gramática melhoraram.
Minha capacidade de encontrar o amor, não.

Procurei e procurei.
Mas não consegui encontrar outro Byron.

◇

Eu me perguntava se essa parte da minha vida havia chegado ao fim.
Mais uma vítima da lesão cerebral.
Exílio em um deserto psicossexual.

Eu estava ouvindo Life Uncut, meu podcast favorito.
A convidada do episódio era uma mulher que havia aberto um clube de suingue em Annandale.
A vinte minutos de Bondi.

Um clube privado para, *cof, cof*, adultos de mente aberta.
Muito bizarro.
Mas também, naquele momento, um tanto intrigante.

Minha antiga versão teria fugido daquilo.
A nova não se assustava tão fácil.

Não é incomum que pessoas com lesão cerebral se tornem hipersexuais.
A falta de inibição pode isolá-las ainda mais da família e dos amigos, no momento em que mais precisam deles.

No meu caso, eu me sentia extremamente solitária.
Física e emocionalmente deslocada.

Byron me pegaria em seus braços fortes.
Faríamos amor, nos casaríamos.
Encheríamos a casa de gatinhos e bebês.

Em vez disso, eu tinha sido abandonada.
Aprisionada em um vácuo romântico.
Intocável.

Minha vagina havia sido enterrada viva.

◇

A invisibilidade é uma espécie de morte.

Eu queria ser vista.
Ansiava pela afirmação do desejo.

Eu não era nem imprudente nem desinibida.
Não contei à minha mãe o que estava planejando.
Tenho certeza de que ela entenderia.

Mas teria feito uma cara de reprovação.

Quem não arrisca não petisca.
O mundo não me deixou escolha.
Era aquilo ou nada.

Comprei o ingresso pela internet.

Vesti uma saia bonita. Sapatos que não me fariam cair.
E fui tomar um drinque no clube de suingue em Annandale.

◇

A fachada encardida do local não ajudava.
Em contraste, o interior foi uma agradável surpresa.

Limpo, seguro. Tipo uma boate.
Equipe gentil. Ótima música.
Champanhe gelado.
Nenhuma pressão.

Não odiei.

Esperava homens com olhos famintos e cheios de atitude.
Mas não havia muitos desses.
E eles respeitavam meu não.
Consentimento era tudo.

A maior parte dos clientes naquela noite eram casais.
Tentando apimentar a vida amorosa.
Tentando se divertir um pouco.

Todas as idades e tamanhos.
Gente se sentindo sexy.
Tentando se sentir sexy.

O que me impressionou, porém, foi a quantidade de pessoas como eu.
Um pouco danificadas.
Um pouco esperançosas.

Cientes de seus próprios desejos.
Desesperadas o suficiente para serem corajosas.
Corajosas o suficiente para serem vulneráveis.

Em sofrimento. Em busca.
Ansiando por afeto e intimidade.
A mais bela conexão humana.

Uma que, por algum motivo, nos havia sido negada.

◇

Escolhi um homem com um rosto gentil.
Nenhuma promessa foi feita nem quebrada.

Foi bom.
Libertador.
Empoderador.

Depois de o mundo inteiro ter tentado me ferir.
Eu ainda era uma mulher em meu auge.

Eu estava viva.
Eu estava acordada.

45.

Meses, muitos meses.
Fuçando minhas anotações.

Anotações primorosamente organizadas.
Números, gráficos, fluxogramas, pesquisa de materiais, estratégias de marketing.
Detalhes minuciosos.

Escritos por alguém que se importava com tudo.
Que sabia tudo.

Eu me dei conta do meu propósito.
Meus planos para a No Saints estavam por toda parte.

Eu ainda queria aquilo.
Muito mesmo.
Só não sabia como fazer acontecer.

Minha antiga versão tinha entendido todas as etapas necessárias para abrir sua empresa.
Tinha ganhado bolsas de estudo em administração, se especializado e aprendido todos os aspectos de cada operação.
Eu a admirava.
Eu a invejava.

Eu tinha medo de nunca gostar de mim mesma tanto quanto gostava de quem eu era antes.

◇

A nova Caroline estava perdida.

Eu conseguia entender o básico.
Mas minha criatividade e meu poder de concentração haviam sido estilhaçados e dispersados por um carro de polícia em alta velocidade.
Reunir a força mental necessária para que a No Saints decolasse parecia além do meu alcance.

◇

Byron havia sido um dos meus primeiros investidores.
Mas presumiu que, ao perder sua namorada, havia perdido também seu dinheiro.
Minha outra investidora pensava parecido.

Diminuir o prejuízo.

Eu era a marca.
A marca era eu.
Sem mim à frente da No Saints, desde os esboços conceituais até a costura final, nossa linha de produtos foi descontinuada antes mesmo de ser lançada.

Meus conselheiros não falavam comigo.
Ou talvez tenham falado, uma ou duas vezes.
Até perceberem que eu não conseguia me lembrar do que eles haviam dito.
Eu não parava de fazer as mesmas perguntas.

Nos estágios iniciais da recuperação, dano cerebral, burrice, bebedeira e loucura parecem a mesma coisa.

Mas apenas uma dessas condições se aplicava a mim.
Na maior parte do tempo.

O volume de trabalho que eu havia investido na No Saints era monumental. Aquilo tinha sido algo muito importante na minha vida.

Era a minha vida.

◇

Grace tentou me tirar do fundo do poço.
Ela me ouviu reclamar de cada perda.

Eu tinha chegado tão perto.
Tão perto.
De ter tudo.

Mas aí.
Perdi tudo.
Tudo. Tudinho.

Minha mente, meu corpo.
Eu não conseguia sentir o cheiro das flores na primavera, nem da caixa de areia da minha gata.
Minha cabeça e meu rosto haviam mudado de formato.
Minhas orelhas e meus olhos não estavam mais alinhados.
Ler me deixava enjoada.
Doía andar. Doía deitar. Doía respirar.

Eu havia perdido meu parceiro. Meu lar.
Tudo que havíamos sonhado juntos.

O anel de noivado, o álbum de casamento, o primeiro dia do jardim de infância, as férias em família.
Amigos de longa data que também haviam se tornado nossa família.

◇

Às vezes, eu pegava Byron olhando para mim como fazia antes.
Apenas uma olhadela.
Rápida como um campo florido passando pela janela de um trem em alta velocidade.
Eu era a linda mulher que ele amava.

E de repente não era mais.

Eu não era mais nem bonita, nem sua parceira, nem uma mulher.
E sim uma coisa danificada.
Que ele deveria tranquilizar, de quem deveria sentir pena.

◇

Eu havia perdido praticamente todos os meus amigos.

As cretinas ricas não me incomodavam.
Mas minhas amigas mais queridas, minhas amigas mais verdadeiras, essas, sim.
Tínhamos sido irmãs inseparáveis.

Tínhamos dividido tudo.
Estivemos uma ao lado da outra.
No entanto, elas também me abandonaram.

Não por algo que eu tenha feito com má intenção.
Mas porque, por um tempo, minha lesão me tornou barulhenta demais, instável demais, combativa demais, sem filtro demais.
Eu as deixava constrangidas.

Eu queria gritar por perdão, dizer que aquela não era eu de verdade.
Que aquilo era meu cérebro voltando ao normal, que era apenas temporário.
Mas, aí, eu estaria apenas gritando outra vez.
E elas odiavam isso.

◇

Eu havia perdido meu emprego, minha carreira.

Liguei para meu ex-chefe.
Aquele que muitas vezes disse que eu era sua melhor funcionária.
Perguntei se ele me deixaria voltar, mesmo que fosse em meio período.
Trabalharia de graça até reaprender tudo.
Ele disse que não haveria vagas pelos próximos dois anos.
Uma maneira educada de me informar que não havia espaço para mim.

◇

Perdi meu talento inato para a matemática.
Agora, números eram complicados, esquivos, confusos.
Precisei usar uma calculadora, talvez pela primeira vez na vida.

Eu havia perdido minha capacidade de aprendizagem.
De acadêmica brilhante a ignorante total.

Eu me inscrevi no curso de marketing de uma universidade.
Para me forçar, para acelerar o crescimento e a recuperação.
Aproveitar o tempo que eu não passava mais socializando.

Em uma hora, meia hora, abandonei a aula.
Palavras demais, diagramas demais, coisas demais, rápido demais.

A universidade ficou com pena de mim. Reembolsou meu dinheiro.
Eu não conseguia nem começar.
Sísifo de patins.

◇

E, agora, eu havia perdido a No Saints.
A última relíquia de minha antiga vida.

Meu propósito.

A única coisa restante que era minha.

Sem ela, todos os meus sonhos haviam sido roubados.
Tudo com que minha melhor versão sempre se importou tinha dado em nada.
Já era.

E o que tornava aquilo insuportável era o fato de que todo o trabalho pesado estava no passado.
Minha visão mapeada e codificada em plantas e planos de negócios.
Motor de produção forjado e abastecido.

Eu havia alterado a lei gravitacional do varejo de acordo com a minha vontade.
Alinhado minhas próprias estrelas. Uma de cada vez.

Estava tudo lá.
Estava tudo pronto.
Mas eu não concluíra.
E agora isso jamais aconteceria.

Quis chorar.

As lágrimas não vieram fácil.
Soluços secos. Engasgos.
Não conseguia mais fazer nada certo.

◇

Grace me abraçou até eu me acalmar.
Minha respiração ficou mais lenta.

Então ela pegou minha mão.
Me conduziu pelo meu próprio apartamento.

Até uma porta que eu nunca havia notado.
De que não me lembrava.
Ela girou a maçaneta.

Um cômodo pequeno.
Repleto de caixas de sapatos ecologicamente corretos.
Do chão ao teto.

Cada caixa continha um belo par de sapatos da No Saints.

Os mesmos lindos sapatos que Byron havia me dado quando voltei para Sydney.
Os mesmos sapatos espalhados pelo meu escritório no apartamento de Byron.
Sapatos que eu já tinha usado inúmeras vezes.
Os sapatos que eu estava usando naquele exato momento.

A No Saints existia.

◇

A empresa de moda sustentável dos meus sonhos já tinha sido criada.
Eu havia lançado minha primeira coleção antes de viajarmos.

Eu e Byron não tínhamos saído de férias pela Europa apenas para reconstruir nosso relacionamento.
Também estávamos comemorando a No Saints.

Ainda era o começo, mas as pessoas adoravam os calçados.
As vendas até aumentaram quando sofri o acidente.
Uma maneira singela, mas significativa, de os clientes mostrarem que se importavam.

Grace e outros amigos fizeram o possível para manter a empresa viva em minha ausência.
Foram a feiras veganas em Sydney vender meus sapatos.

É claro que a produção e as vendas já haviam caído muito até então.
Paradas por mais de um ano.

Assim como eu.

Mas se eu consegui acordar.
Minha empresa também conseguiria.

◇

Grace sorriu.
Seus olhos brilharam.
– Você conseguiu – disse ela.

◇

Beijar uma viatura em alta velocidade não me trouxera sorte.

Nada tinha saído como eu esperava.
E, no entanto, de alguma forma, tudo saíra como eu havia planejado.

Eu havia largado meu emprego na empresa em que trabalhava.
Estava saindo de um relacionamento que, agora sabia, não teria durado muito tempo.
Estava no caminho certo para me tornar cidadã australiana.
Havia fundado a empresa de moda ética que representava meu propósito na vida.
Estava fazendo todas as coisas que os médicos disseram que eu jamais faria.
E havia mais por vir.

Mesmo que minha mente e meu corpo estivessem debilitados, eu ainda estava viva.
Meu sonho estava vivo.

"Eu consigo tudo que eu quero."

46.

Gostaria que minha história terminasse em um pequeno quarto cheio de caixas de sapatos.
Um momento maravilhoso de epifania.
A luz dourada do sorriso de minha melhor amiga.

Mas não foi assim.

◇

Meses se passaram.

As mensagens anônimas continuaram chegando para minha mãe e para mim.

> **A Caroline está sozinha e acabará se envolvendo com drogas, pode ser estuprada, pode ser maltratada. Você precisa cuidar dela!**

> **Caroline, volte para o Brasil. O Byron precisa seguir em frente. Ele também merece ser feliz.**

◇

Eu estava tentando ao máximo fazer com que a No Saints voltasse com suas atividades.
Era revigorante. E exaustivo.

Ninguém queria investir em uma empresa comandada por uma jovem com lesão cerebral.

Sem apoio, eu não teria como contratar funcionários nem desenvolver o marketing ou a produção.

Apesar das dificuldades.
Do trabalho árduo. Do estresse.
Aquele ainda era meu propósito.

Havia uma grande alegria naquilo.

Eu e minha mãe conversávamos todos os dias.
Byron me procurava regularmente.
Mas Grace havia se tornado um pouco distante.

Em parte, porque estava irritada por eu me irritar quando ela me tratava como uma criança.
Na sua cabeça, ela estava sendo atenciosa.
Mas para mim parecia pura manipulação.

◇

Ter uma lesão cerebral afeta sua capacidade de ser sensível com os outros.
Você pode parecer indiferente.

Lembrei a mim mesma que Grace tinha o direito de estar ocupada com sua própria vida.
Ela também havia se mudado.

Portanto, não nos víamos com a frequência que gostaríamos.
Certamente não tanto quanto eu gostaria.

Combinávamos de nos encontrar.
Por algum motivo, nunca dava certo.

Grace sempre adiava ou cancelava no último minuto.

Era frustrante.
Decepcionante.

◇

Meu terrível acidente e minha tortuosa recuperação afetaram profundamente a minha mãe.

Por estar longe de mim ela vivia preocupada comigo e se sentia impotente. Em especial por continuar recebendo mensagens anônimas raivosas a meu respeito.

Mesmo assim, apesar dessas forças corrosivas, ela respeitava meu desejo de ser independente e me incentivava o tempo inteiro.

Isso é amor de verdade.

Ao retornar ao Brasil, minha mãe mal conseguia usar as mãos.
O estresse havia desencadeado sua doença autoimune, resultando em uma artrite reumatoide incapacitante.

A resposta do Brasil à covid foi uma das piores do mundo.
O que não é pouca coisa.
Os políticos se recusaram a agir, ou mesmo a reconhecer que a pandemia era real.
Os hospitais ficaram sobrecarregados.

Muitos entraram em colapso.
Os que permaneceram abertos tornaram-se armadilhas fatais para pessoas do grupo de risco, como minha mãe.

Ela tomou os medicamentos que pôde em casa.
Tentou descansar.

Qelbes fez tudo que pôde para aliviar o sofrimento dela.

Mas a inflamação em suas articulações só piorou.
O sistema imunológico da minha mãe estava atacando o resto do seu corpo.
Tornou-se insuportável. Uma agonia sem fim.

Se não fosse tratada, seus ossos seriam corroídos e suas mãos ficariam deformadas.
Dedos inúteis torcidos como as garras de um pássaro morto.
Ela nunca mais poderia trabalhar.

As tarefas mais simples da vida se tornariam praticamente impossíveis.
Eu entendia do assunto.
E não desejava aquilo nem ao meu pior inimigo.

O risco de a inflamação se espalhar para o coração e os pulmões de minha mãe aumentou exponencialmente.
Ela não teve escolha, a não ser procurar ajuda especializada.

Qelbes a levou de carro até Porto Alegre, em um trajeto de duas horas.

Naquela época, não havia vacinas contra a covid no Brasil.
Minha mãe e Qelbes tomaram todas as precauções possíveis.
Tiraram a máscara apenas uma vez.

Para fazerem uma refeição leve em um restaurante ao ar livre.

Alguns clientes começaram a tossir.
Os garçons estavam tossindo.
Dias depois, minha mãe começou a tossir.
Um pouco.
Depois, muito.

◇

No início, minha mãe alegou que estava com alergia.
Era só isso.

Mas depois veio a dor de cabeça.
Respirar exigia mais esforço.
Um médico confirmou que ela estava com covid.

Com a doença autoimune de minha mãe, era muito arriscado ir para o pronto-socorro.
Se ela pisasse em um hospital, era quase certo que seu corpo seria carregado sem vida para fora dias depois.

Ela se isolou em casa e recebeu tratamento à distância.

Qelbes também pegou covid.
Felizmente, seu caso não foi tão grave, e ele conseguiu cuidar de minha mãe enquanto se recuperava.
Não deve ter sido fácil.

Para sua sorte, a intensidade dos sintomas dele era inversamente proporcional ao amor que ele sentia por minha mãe.

A filha de Qelbes, minha meia-irmã, era médica.
Ela pediu um favor a um virologista que conhecia.

O virologista concordou em monitorar o estado de saúde de minha mãe por telefone, para que ela não precisasse ser internada.
No entanto, os antibióticos e corticoides que ele prescrevera não conseguiram impedir o rápido avanço da doença.

Na semana seguinte, a oxigenação de minha mãe caiu.
E continuou caindo.
Ela foi ficando mais fraca a cada dia.
Não conseguia manter os olhos abertos.
Por fim, Qelbes não conseguiu acordá-la.

A pior opção possível tornou-se a única opção.
Qelbes a levou para o hospital.

◇

Quando a oxigenação cai abaixo de 70%, há risco de morte.
Minha mãe estava com 50%.

Ela teve pneumonia por covid.
Os minúsculos alvéolos em seus pulmões estavam cheios de pus e fluidos.
Os médicos a colocaram no oxigênio.
Deram-lhe todos os medicamentos possíveis.

Nos informaram que o prognóstico não era bom.
Pediram que nos preparássemos para o pior.

Paulo Gustavo, o comediante preferido da minha mãe, tinha acabado de morrer.
Ele havia apresentado os mesmos sintomas.

Era hora de dizer adeus.

Eu me sentia inútil no outro lado do mundo.
Assustada e desamparada.

A ideia de perder minha mãe era...
Eu não conseguia nem começar a imaginar...

Eu precisava de Grace.
Precisava ver minha melhor amiga.
Minha única amiga de verdade.

Liguei para ela.

Dessa vez ela atendeu, ainda bem.
Disse que largaria tudo.

Combinamos de nos encontrarmos para jantar. Naquela noite.

Mas ela precisou adiar por causa de um imprevisto em casa.
Combinamos um almoço no dia seguinte.
Grace adiou outra vez.
Decidimos por um café da manhã no fim de semana.
Sábado. Não, domingo era melhor para ela.

Reservei uma mesa para nós no The Nine.
Nossa cafeteria mediterrânea favorita.
Grace prometeu me buscar.
Me poupar da caminhada.

Acordei cedo naquela manhã.
Dei comida para Sundy, me vesti.

Então, esperei. Esperei.
Esperei.

Grace não apareceu.

Eu estava com fome e precisava da companhia dela.
Mandei uma mensagem.
"Cadê você?"

Uma hora depois, ela me respondeu.
Tinha dormido até tarde. Estava superatrasada.
Mil desculpas.

– Não se preocupe – eu disse. – Vamos tomar um brunch.

Grace não topou.

Iria jogar tênis ao meio-dia.
Não queria estar cheia.

Eu adoro assistir a partidas de tênis, então sugeri ir com ela até lá.
Depois, poderíamos comer alguma coisa. Colocar o papo em dia.

Não, não dava para ela.
Simplesmente não dava.

Grace disse que estava livre na quinta-feira da semana seguinte.

◇

Meu coração parecia uma pedra quente.
Se eu não desabafasse com alguém, minhas sobrancelhas iriam pegar fogo.

A única pessoa para quem eu podia ligar era, literalmente, Byron.

Meu confiante ex estava tomando um café da manhã tardio em Up South Bondi.
Costumávamos ir lá todo fim de semana.
Nossa cafeteria preferida quando morávamos juntos.
Ainda era a dele.

Byron estava comendo sozinho e disse que ficaria feliz se eu me juntasse a ele.
Ou, pelo menos, tentou fazer parecer que ficaria feliz.
Gostei disso.

Meu equilíbrio não era muito bom.
E eu estava ansiosa no trajeto para o café.
Tropecei em uma entrada de garagem. Me estatelei na calçada de concreto.

Mãos sangrando.
Hematomas.
Byron me ajudou a me recompor antes de eu comer.

Tofu mexido, cogumelos fritos e homus.
Café.
Ainda bem que café existe.

Comecei a me sentir melhor.

Byron sabia sobre minha mãe.
Expressou sua genuína preocupação e empatia.
Não havia muito que ele pudesse dizer ou fazer, mas sua bondade foi de grande ajuda.
Enorme ajuda.

Depois de nos despedirmos, fui andando para casa.
Pouco antes de chegar ao meu apartamento, parei.

Não queria ficar sozinha.
Não podia ficar sozinha naquele dia.

◇

Tive muita vergonha de ligar para Byron outra vez.
Então vi no Instagram que Margo estava por perto.

A apenas cinco minutos andando.

Investindo em seu bronzeado no Bondi Icebergs.
O lendário clube de natação local, onde pessoas bonitas que amam tomar sol se reúnem.

Engoli meu orgulho e mandei uma mensagem para Margo, perguntando se eu poderia me juntar a ela.
Disfarçadamente implorando.
Esse era o grau do meu desespero.

Não sei se Margo queria mesmo dizer sim ou se ficou chocada demais para dizer não.

Dei uma passadinha em casa.
Joguei uma saia jeans por cima de um biquíni preto.
Calcei chinelos rosa-claro.

Fui para lá.

◇

Andei com mais cuidado dessa vez.
Consegui chegar em segurança ao acesso que passa pelo Bondi Beach Park.
E desci as escadas até o Icebergs.

Perto da piscina, passei por uma massa de corpos reluzentes e seminus.
Contorcendo-se e se espreguiçando ao sol como focas semiembriagadas e besuntadas de óleo.

Avistei Margo, que estava muito mais perto do que eu imaginava.
Ela me viu exatamente no mesmo momento.
Ficamos as duas surpresas.
Dei um passo para trás para cumprimentá-la, escorreguei e caí direto na piscina infantil.
Minha perna direita arrastou na borda de concreto da piscina.
Um corte do joelho ao tornozelo.

De vez em quando, uma tempestade violenta lança um tubarão nas piscinas alimentadas pelo oceano.
Foi assim que me senti enquanto me debatia em uma nuvem vermelha crescente do meu próprio sangue.

Margo veio em meu socorro e foi seguida por uma multidão de salva-vidas australianos com abdomens definidos.

Ela ficou comigo enquanto eu recebia os primeiros socorros do homem mais velho da história a usar uma sunga.

O corte era horrível.

Doía, mas nada crítico.
Na verdade, estava mais para um arranhão profundo.

Tirei uma foto de minha perna ensanguentada e mandei para Grace.
Acrescentei uma piada de mau gosto sobre como o dia tinha dado terrivelmente errado porque ela havia dormido até tarde.
Havíamos cancelado nosso café da manhã e agora eu estava enfaixada.
A boa notícia é que eu já mancava antes.
Além disso, minhas aspirações a modelo haviam começado e terminado na adolescência, quando minha tia, cheia de orgulho, me colocou no pôster de uma loja de cosméticos local.
Uma cicatriz a mais não faria diferença.

Portanto... nenhum prejuízo.
Rs.

◇

Margo gentilmente me ajudou a ir para casa antes de voltar para seu banho de sol.

Tenho certeza de que meu sangue colorindo uma dezena de toalhas de praia e tingindo a água da piscina infantil de rosa-ferrugem era exatamente do que ela precisava para repensar quão estressante era conviver comigo desde o meu acidente.

Não fui convidada a participar de nenhum grupo novo de WhatsApp.

◇

Byron foi ao meu apartamento naquela noite me ajudar a refazer o curativo, para que não grudasse nos lençóis.
Que homem bom.

◇

Minha mãe estava sufocando e arfando em um ventilador pulmonar quando recebeu uma foto da minha perna ensanguentada, acompanhada de uma cruel mensagem anônima.

> **Isso é o que acontece com a Caroline quando você não está por perto.**
> **Você precisa estar aqui.**

Eu só havia compartilhado aquela foto com uma pessoa.

◇

A mensagem de Grace não ajudou na recuperação de minha mãe.
Mas ela se recusava a morrer.
Ela não daria a Grace essa satisfação.
Não deixaria a filha deficiente para trás por conta de algo tão trivial como a morte.

Depois de alguns dias críticos no hospital, minha mãe deu a volta por cima.
Pôde ir para casa, onde se restabeleceria com muito mais segurança.

Esperei até que ela estivesse se sentindo melhor e suas forças tivessem voltado.
Depois, comentei que a mensagem maldosa só podia ter vindo de Grace.

Eu havia tido tempo para juntar todas as peças.
Identificara todas as mensagens de ódio anônimas que eu e minha mãe recebêramos de Grace desde que eu havia voltado para a Austrália.

As provas eram irrefutáveis.
Mas eu ainda lutava para aceitar que era minha melhor amiga quem estava por trás daquela campanha cruel o tempo inteiro.
Eu não conseguia entender os motivos dela.

Minha mãe sabia mais coisas do que eu.
Como sempre.

◇

Foi Grace quem procurou minha mãe pela primeira vez, em nome de Byron, para desencorajá-la a me deixar voltar à Austrália.
Foi ela quem disse à minha mãe e a Qelbes que eu não deveria atrapalhar Byron.
Ela disse à minha mãe, e provavelmente a Byron também, que ele não me devia nenhuma lealdade, pois não éramos um casal.
Não na opinião dela.
Não oficialmente.

Grace deixou claro para a minha mãe, e para todos que quisessem ouvir, que Byron já havia sofrido o bastante.
Era preciso deixar que ele seguisse em frente.
Meus ferimentos eram uma tragédia, mas eu não tinha mais salvação.
Seria imperdoável arruinar a vida de Byron também.

Grace disse à minha mãe que tinha se encontrado com os pais de Byron para falar que eu deveria ser mantida longe do filho deles.

No entanto, ficou claro que a mãe de Byron não havia concordado com a estratégia de abandono que Grace propusera.
Embeth continuou a me ligar.
Ela estava sempre acompanhando meu progresso. Compartilhando seu amor e seu apoio.

Então, eu me dei conta de que Grace vinha me sabotando havia mais de um ano.

◇

Eu achava que sabia o que era sofrimento.
Mas aquele era um tipo completamente novo de dor.

Um buraco se abriu em meu peito.

Perguntei à minha mãe por que ela não havia me contado tudo aquilo antes.
Seus motivos eram tão simples quanto a situação era complexa.

Ela me conhecia bem o suficiente para saber que eu queria ter controle sobre meu próprio destino.
Com ou sem lesão cerebral, eu não estava sentada no banco do passageiro.
Ela ainda confiava em mim para tomar minhas próprias decisões.

Disse que as primeiras mensagens de Grace começaram a chegar logo depois que não conseguimos voltar de Barcelona para Sydney.
Naqueles primeiros dias de minha recuperação, eu não era capaz de entender nada.

Além disso, minha mãe simplesmente nunca acreditou que alguém pudesse ser tão cruel.
Ela devia ter entendido errado.

Talvez o domínio que Grace tinha do português já não fosse o mesmo.

Minha mãe esperava que, ao ficar em silêncio e não fazer nada que gerasse conflito entre mim e minha melhor amiga, com o tempo nossa amizade seria retomada.
A bondade inerente de Grace venceria.
Como aconteceu com Byron.

Mas não foi assim. Não tinha sido assim.

Grace havia me traído. Várias e várias vezes.

Tinha dito ao meu angustiado namorado que eu estava planejando terminar com ele.
Sabotou minha amizade com Olivia.
Fez com que eu fosse expulsa de nosso círculo social.

Tentou enterrar minha memória em uma cova rasa.

Tudo para proteger Byron do terrível fardo que eu era.
Pelo menos, era assim que ela enxergava as coisas.

Em certo sentido, Grace me chutar quando eu já estava caída no chão foi indescritivelmente cruel.
Motivada por medo, ignorância, inveja.
Quem poderia saber?

Mas sua estratégia rasteira também era comicamente absurda.
Graças à minha lesão cerebral, afastar meus amigos era meu superpoder.
Eu não precisava da ajuda dela.

◇

Eu estava arrasada por conta da traição de Grace.
Mas encontrei coragem para enfrentá-la.

No início, ela negou ter enviado as mensagens.
Negou tudo.
Mas as evidências eram claras.

Ela disse um monte de bobagens sobre como estava tentando me ajudar.
Que tinha feito muita coisa por mim.
Havia mantido a No Saints em atividade, mesmo à custa de sua própria carreira.
Só estava preocupada com meu bem-estar.
Com o bem-estar de Byron.

Além disso, ela apenas disse o que todo mundo já estava pensando.
Eu precisava ser cuidada de maneira apropriada pela minha família.
E não ficar largada em outro país sem ninguém para me proteger.

Mas eu não havia sido abandonada em lugar nenhum, por ninguém.

Minha mãe havia cuidado de mim por meses, anos.
Eu implorei para que ela me deixasse ser independente.
Ela só deixou quando demonstrei ser capaz de cuidar de mim mesma.

Eu sabia dos imensos desafios que enfrentaria.
Já havia aceitado todos eles.
Minha mente e meu corpo estavam se fortalecendo a cada dia.

Aquele era o meu lar.
Eu tinha um namorado com quem vivera por anos.
Uma vasta rede de amigos incríveis.
Eles também eram minha família.

Ou, pelo menos, costumavam ser.

Até que Grace decidiu que sua missão era me isolar.
Uma garota quebrada.
Destruir tudo que era importante para mim.

E para quê?
Defender a honra de um homem adulto?

Como todos os vilões de desenhos animados, Grace havia fracassado.

O único amigo que acabou se recusando a me abandonar foi Byron.
A mesma pessoa que Grace estava tão desesperada para proteger.

◇

Ao perceber que estava enrolada em suas próprias mentiras, a máscara de Grace caiu.
Suas palavras finais foram duras e rancorosas.

Ela deixou claro que, em sua opinião, não havia conserto para mim.
Minha nova versão não era nada parecida com a pessoa de quem ela tinha sido amiga.

Seu último ato de bondade, disse ela, foi tentar me fazer lembrar de como eu era antes.
Não de como eu era naquele momento.

Então ela me bloqueou.
Bloqueou minha mãe.
Desapareceu em um estalar de dedos.

Nunca mais nos falamos.
Nunca mais nos vimos.
Nunca mais.

Say you'll never let me go.
Say you'll never let me go.

Epílogo

Aos 17 anos, fui convidada a me candidatar a uma bolsa de estudos integral no Instituto Tecnológico de Aeronáutica (ITA), a versão brasileira do MIT. Sem dúvida, a mais prestigiada faculdade de engenharia aeroespacial do país. Uma das melhores do mundo.

A ideia de concluir o curso de engenharia civil-aeronáutica no ITA era emocionante.
Então, a dúvida se instalou.
Um punho gelado agarrou meu coração adolescente.

Os melhores e mais brilhantes alunos do Brasil estariam competindo pela mesma oportunidade.
Menos de 1% dos candidatos convidados seriam aceitos.

E se eu não conseguisse entrar?
E se eu não fosse boa o suficiente?

Eu não podia tolerar a menor mancha no meu impecável histórico acadêmico.

No final, nem sequer fiz os exames de admissão para o ITA.
Fiquei paralisada pelo medo do fracasso.
Minha obsessão com a perfeição me impediu de ser a melhor versão de mim mesma.

Bati uma porta na minha própria cara.

◇

Ser despedaçada me curou do perfeccionismo.

Nunca mais eu seria perfeita.
Isso ficou dolorosamente óbvio.
Para Grace. Para todo mundo.

Mas um dia me dei conta de que nunca tinha sido perfeita.
Que nunca nem mesmo conhecera uma pessoa perfeita.
E nunca conheceria.

Sim, estou quebrada.
Porém, mais do que isso, me libertei de tudo que me impedia de avançar.

Eu nunca mais me permitiria ser prisioneira das expectativas irrealistas dos outros.
Nem das minhas.

◇

O trauma não deve ser embrulhado para presente.

O contorno prateado de uma nuvem é apenas um truque de luz.
Não é uma medida da tempestade que se forma em seu ventre.
A tempestade é invisível.

A dor é invisível.

Agora é mais difícil ser eu.
Sofro.

Esqueço.
Fico obcecada.
Impaciente.
Procrastino.
A agonia constante de navegar em uma mente fraturada.

Arame farpado e melaço.

E, mesmo assim, há beleza na forma como o destino nos remodela.
Sou mais forte com minhas cicatrizes.
Tenho menos medo.
Amo mais.

Minha mãe me disse que eu era uma criança muito emotiva.
Chorava sempre que algo dava errado.

As lágrimas não vêm tão fácil agora.

Mas o riso, sim.

◇

Em toda lagoa há um peixinho nadando de cabeça para baixo.
Doente, machucado.
Apenas diferente.

O peixinho de cabeça para baixo não quer sua piedade.
Ele é imune a críticas e piadas cruéis.
Às sugestões de que ele deveria ser sacrificado.
Ser deixado de lado. Jogado fora.

Talvez um dia ele nade como todos os outros peixes.
Talvez não.

Mesmo assim.
Ele está onde deveria estar.
Fazendo o que nasceu para fazer.
Da melhor maneira possível.

Ele nunca vai parar.
E irá longe.

Pisque uma vez e você o perderá de vista.

Afinal, nosso planeta é um planeta água.

Há partes de mim que talvez eu nunca encontre, nunca recupere.
Minha busca continuará.
Mas sou o bastante do jeito que sou.

Tenho o desejo irrequieto de viver uma vida de consequências positivas.
E tenho a determinação necessária para fazer com que isso aconteça.
Mais do que talento.
Mais do que beleza.
Mais do que oportunidade.
Maior do que qualquer outro presente, exceto um.

O amor da minha mãe.

◇

Tornar-me cidadã australiana foi um momento agridoce.
Por três vezes, eu havia lutado para chegar àquelas praias douradas.

Um país tão lindo.
Pessoas lindas.

Mas.
Eu não me sentia mais em casa.

◇

Sou um trabalho em andamento.
Catorze cirurgias concluídas.
Faltam três.
Talvez mais.

Metade da vida já foi, ainda que mal tenha começado.

Há muito o que viver.
Há muito para aprender e reaprender.
Memórias a serem recuperadas.
Memórias a serem criadas.

Novos amigos para conhecer.
Velhos amigos para redescobrir.

Estou viva e desperta.

Para meus olhos reabertos, muita coisa é bela e nova.
Cada sorriso é o primeiro sorriso.
Cada beijo, o primeiro beijo.

◇

Fui ao apartamento de Byron pegar algumas coisas no meu antigo escritório.

Meio escondido em uma estante, encontrei meu vestidinho preto e branco leve, da Espanha.
Perfeitamente dobrado. Guardado em um saco plástico.
Ainda tingido com meu sangue.

A polícia de Barcelona, talvez um socorrista ou uma enfermeira, devolveu o vestido a Byron no hospital.
Enquanto eu estava nua em uma mesa de cirurgia.

Fui tomada pela terrível lembrança.
– Por que você não jogou fora? – perguntei a Byron.

– Vou jogar – respondeu ele. – Mas ainda não. Não estou pronto para abrir mão dele.

Mas eu estava.

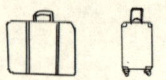

Os melhores sapatos do mundo são feitos artesanalmente em Portugal.

Comprei duas passagens de avião para Lisboa.

Uma para Sundy.
Outra para mim.

Agradecimentos

Enquanto lutava para recuperar o controle sobre minha mente e meu corpo, o maior desafio que enfrentei foi ficar trancada do lado de fora.
Muitos dos meus amigos mais próximos, ex-colegas de trabalho e até mesmo familiares ficavam incomodados e constrangidos com minha nova versão sem filtros.
Depois de alguns encontros embaraçosos, eles não me deram mais atenção. Que dirá tempo para eu melhorar.

O que eu mais precisava era de uma interação humana significativa para praticar a escuta, a fala, reaprender sinais sociais e, o mais importante, sentir-me segura, amada e incluída.
Em vez disso, fui ignorada, abandonada, parei de ser convidada.
Mais tarde, fiquei sabendo que a experiência de rejeição e isolamento que tive é dolorosamente comum para quem vive com uma lesão cerebral.

Contar minha história foi extremamente difícil.
Doía cada vez que eu me forçava a confrontar a dor profunda de meu passado recente.
Reviver meus piores momentos me fez chorar, ter pesadelos.

Mas essa pareceu ser a única maneira de fazer com que o mundo não me esquecesse.

Minha esperança é que outras pessoas que sofreram uma lesão cerebral se sintam vistas e ouvidas por conta do que compartilhei.

Que os amigos e entes queridos delas sejam mais pacientes enquanto elas atravessam sua longa e difícil jornada de recuperação.

Que as pessoas percebam que uma lesão cerebral traumática é mais do que uma mente quebrada. É também um coração quebrado e uma vida quebrada.

◇

Eu e Bradley gostaríamos de agradecer à nossa agente literária australiana, Jeanne Ryckmans, da Key People Literary Management, e a Sophie Hamley, da Hachette Australia, por dar vida ao nosso livro.

Gostaria de agradecer pessoalmente a todas as pessoas maravilhosas que não se afastaram, a começar pelo meu padrasto, Qelbes, que tem sido tão gentil, amoroso e divertido desde o dia em que entrou em minha vida.

Gostaria de expressar minha sincera gratidão a Byron e sua atenciosa família, que, depois de tudo, continuam a ser muito bondosos comigo.
Minha tia Jane e minha tia Cátia deram a volta ao mundo para ficar ao meu lado. Candice Pickworth Dolby generosamente entrou em contato pelo Instagram para dar conselhos e compartilhar incentivos inestimáveis quanto ao processo de recuperação, mesmo sem nos conhecermos.
Ágata, agente da Unidade de Prevenção e Investigação de Acidentes da Guarda Urbana de Barcelona, foi além de seu dever como policial e demonstrou enorme compaixão pela minha família e por mim. Também sou grata à professora Denise Lindstrom Bandeira, minha maravilhosa ex-orientadora acadêmica que, onze anos depois de eu ter me graduado, voltou a ser minha conselheira, reacendendo minha paixão por aprender.

Agradeço de coração aos talentosos médicos e profissionais de reabilitação de Barcelona, Curitiba e Sydney, que salvaram minha vida e me ensinaram a andar e falar novamente.
O dr. Gerardo Conesa Bertrán, chefe de neurocirurgia e diretor do Instituto de Neurociências Teknon, operou um milagre atrás do outro para me manter viva.
Ele também ofereceu grande apoio à minha mãe (nada era demais para ele). Além disso, o cabelo dele é incrível. Sério.

E minha incrível fonoaudióloga brasileira, Andreia Estér Puhl, que muitas vezes moveu céus e terras por mim.

Mesmo depois que voltei para a Austrália, ela acordava cedo e ficava acordada até tarde em Passo Fundo, para que eu pudesse falar com ela por vídeo de Sydney. Havia dias em que Andreia era a única pessoa que ouvia o que eu tinha a dizer.

Sou muito grata à Fernanda e ao Marcelo, do consulado brasileiro em Barcelona, que trabalharam sem parar para furar bloqueios diplomáticos aparentemente intermináveis e providenciar minha repatriação em segurança, durante o auge da pandemia, quando eu estava mais vulnerável.

Acima de tudo, gostaria de agradecer publicamente à minha mãe, Juceli, por seu amor e seu apoio inabaláveis durante esse período indescritivelmente difícil.

Meu maior arrependimento na vida é a dor e o sofrimento terríveis que meu acidente e minha recuperação causaram a ela.

Sua vida foi destruída, assim como a minha, e ainda assim ela pôs de lado suas próprias necessidades e seus próprios sonhos, repetidas vezes, para se dedicar a mim.

Não consigo expressar quanto o sacrifício de minha mãe significa para mim, ou como sua crença em mim me deu a confiança necessária para perseverar, persistir, crescer e assumir riscos. Para tornar meu mundo mais amplo e mais brilhante, mesmo quando tropeço nas menores e mais simples coisas.

Tudo que sou hoje, tudo que me esforço para ser, é resultado do amor, da paixão e da sabedoria de minha mãe.

Eu não estaria aqui se não fosse por ela.

Sem sua orientação, jamais teria me recuperado tanto quanto me recuperei.

Eu te amo, mãe, você é o meu tudo.

◊

Os neurocientistas ainda têm muito a aprender sobre como o cérebro funciona. Como ele se cura.

Apesar dos avanços modernos na medicina, ainda pouco entendemos sobre a melhor forma de tratar lesões cerebrais traumáticas como a minha.

O que sabemos é que 74 milhões de pessoas sofrerão um traumatismo cranioencefálico por ano.

Há um importante trabalho a ser feito para encontrar uma cura para as lesões cerebrais traumáticas e para oferecer mais oportunidades e melhor qualidade de vida às pessoas que vivem com suas sequelas.

É por esse motivo que eu e Bradley temos o orgulho de doar 10% de nossos royalties da venda deste livro no Brasil para a Sociedade Brasileira de AVC (SBAVC). www.avc.org.br

Obrigada!
Caroline

CONHEÇA ALGUNS DESTAQUES DE NOSSO CATÁLOGO

- Augusto Cury: Você é insubstituível (2,8 milhões de livros vendidos), Nunca desista de seus sonhos (2,7 milhões de livros vendidos) e O médico da emoção
- Dale Carnegie: Como fazer amigos e influenciar pessoas (16 milhões de livros vendidos) e Como evitar preocupações e começar a viver
- Brené Brown: A coragem de ser imperfeito – Como aceitar a própria vulnerabilidade e vencer a vergonha (900 mil livros vendidos)
- T. Harv Eker: Os segredos da mente milionária (3 milhões de livros vendidos)
- Gustavo Cerbasi: Casais inteligentes enriquecem juntos (1,2 milhão de livros vendidos) e Como organizar sua vida financeira
- Greg McKeown: Essencialismo – A disciplinada busca por menos (700 mil livros vendidos) e Sem esforço – Torne mais fácil o que é mais importante
- Haemin Sunim: As coisas que você só vê quando desacelera (700 mil livros vendidos) e Amor pelas coisas imperfeitas
- Ana Claudia Quintana Arantes: A morte é um dia que vale a pena viver (650 mil livros vendidos) e Pra vida toda valer a pena viver
- Ichiro Kishimi e Fumitake Koga: A coragem de não agradar – Como se libertar da opinião dos outros (350 mil livros vendidos)
- Simon Sinek: Comece pelo porquê (350 mil livros vendidos) e O jogo infinito
- Robert B. Cialdini: As armas da persuasão (500 mil livros vendidos)
- Eckhart Tolle: O poder do agora (1,2 milhão de livros vendidos)
- Edith Eva Eger: A bailarina de Auschwitz (600 mil livros vendidos)
- Cristina Núñez Pereira e Rafael R. Valcárcel: Emocionário – Um guia lúdico para lidar com as emoções (800 mil livros vendidos)
- Nizan Guanaes e Arthur Guerra: Você aguenta ser feliz? – Como cuidar da saúde mental e física para ter qualidade de vida
- Suhas Kshirsagar: Mude seus horários, mude sua vida – Como usar o relógio biológico para perder peso, reduzir o estresse e ter mais saúde e energia

sextante.com.br